Ligados.com

História 3

Alexandre Alves
Doutor em História pela Universidade de São Paulo (USP)
Autor-colaborador de coleções didáticas do Ensino Fundamental e do Ensino Médio

Letícia Fagundes de Oliveira
Mestre em História Social pela Universidade de São Paulo (USP)
Autora-colaboradora de coleções didáticas do Ensino Fundamental e do Ensino Médio

Regina Nogueira Borella
Bacharel em Psicologia pela Pontifícia Universidade Católica de São Paulo (PUC-SP)
Coordenadora educacional e pedagógica de Educação Infantil e Ensino Fundamental

Editora Saraiva

Ligados.com História – 3º ano (Ensino Fundamental – Anos iniciais)

Dados Internacionais de Catalogação na Publicação (CIP)
(Câmara Brasileira do Livro, SP, Brasil)

Alves, Alexandre
Ligados.com : história, 3º ano : Alexandre Alves, Letícia Fagundes de Oliveira, Regina Nogueira Borella. – 2. ed. – São Paulo : Saraiva, 2015.

Suplementado pelo manual do professor.
Bibliografia
ISBN 978-85-02-63016-1 (aluno)
ISBN 978-85-02-63020-8 (professor)

1. História (Ensino fundamental) I. Oliveira, Letícia Fagundes de. II. Borella, Regina Nogueira. III. Título.

15-02573 CDD-372.89

Índices para catálogo sistemático :
1. História : Ensino fundamental 372.89

Gerente editorial	M. Esther Nejm
Editor responsável	Luciana Leopoldino
Editor	Edgar Costa Silva
Coordenador de revisão	Camila Christi Gazzani
Revisores	Ana Marson, Eduardo Sigrist, Lilian Miyoko Kumai, Maura Loria
Coordenador de iconografia	Cristina Akisino
Pesquisa iconográfica	Cesar Atti
Gerente de artes	Ricardo Borges
Coordenador de artes	Aderson Oliveira
Design	Homem de Melo & Troia Design
Capa	Luis Vassalo com imagem de Kay Widdownson/Advocate Art
Diagramação	Benedito Reis, Edilson Pauliuk, Elis Regina, Josiane Batista de Oliveira, Lisandro Paim Cardoso, Simone Zupardo
Ilustrações	Petra Elster, Biry Sarkis, Cecilia Andrade, Studio Caparroz, Luis Matuto
Cartografia	Sonia Vaz
Produtor gráfico	Robson Cacau Alves
Impressão e acabamento	EGB Editora Gráfica Bernardi Ltda.

073745.002.001

Editora Saraiva

SAC 0800-0117875
De 2ª a 6ª, das 8h30 às 19h30
www.editorasaraiva.com.br/contato

Avenida das Nações Unidas, 7221 – 1º Andar – Setor C – Pinheiros – CEP 05425-902

CONHEÇA O SEU LIVRO

Unidade

Seu livro tem oito unidades. As páginas de abertura introduzem o trabalho que será desenvolvido em cada unidade. Nelas, você é convidado a observar os elementos da imagem e relacioná-los com seus conhecimentos sobre o tema ou com seu dia a dia.

Capítulo

Cada unidade apresenta dois capítulos que exploram e desenvolvem os conteúdos e conceitos estudados. Cada capítulo é composto de seções, nas quais você desenvolve atividades variadas, escritas e orais, individuais, em duplas ou em grupo.

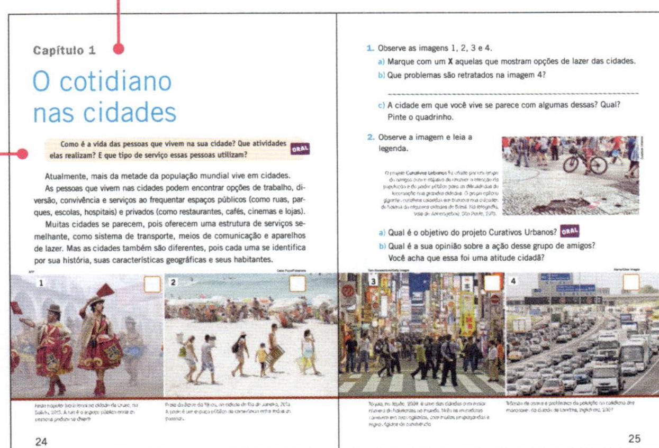

Muitos temas começam com questões para que você tenha oportunidade de pensar sobre o assunto que será tratado e trocar ideias com seus colegas a respeito dele.

Gente que faz!

Nesta seção, os textos, as imagens e as atividades foram planejados para que você conheça alguns procedimentos que caracterizam o trabalho do historiador.

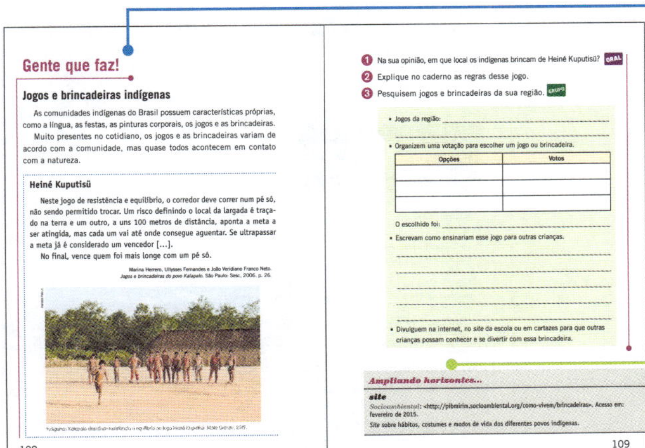

Ampliando horizontes...

Cada unidade apresenta sugestões de livros, revistas, músicas, filmes ou *sites* que permitem enriquecer ou ampliar os assuntos abordados.

Glossário

Algumas expressões ou termos considerados mais complexos são explicados próximo do texto correspondente.

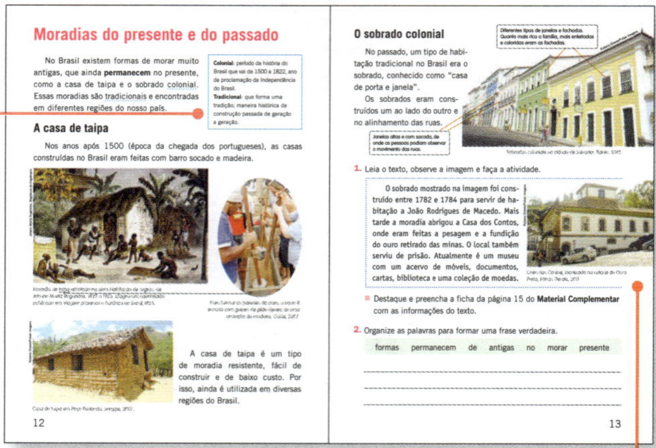

Fontes e testemunhos históricos

Ao longo do livro você vai entrar em contato com muitas fontes e testemunhos históricos: mapas, fotografias, obras de arte, depoimentos, objetos, relatos, artigos de jornais e revistas e internet, além de textos de escritores, especialistas e historiadores.

Atividades

As atividades vão ajudar você a retomar e ampliar os principais assuntos estudados na unidade.

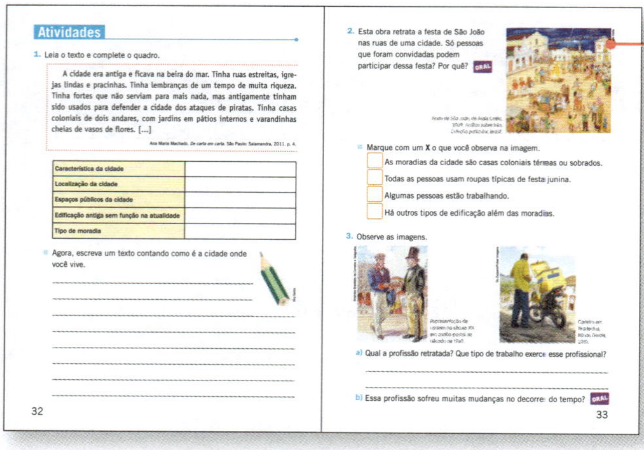

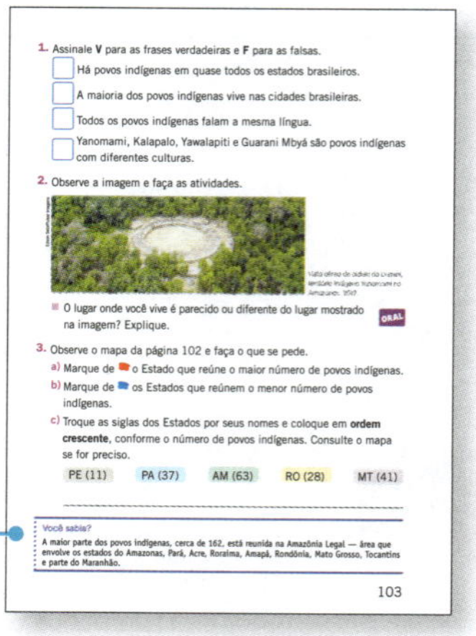

Você sabia?

Neste boxe você encontra curiosidades sobre conteúdos da coleção.

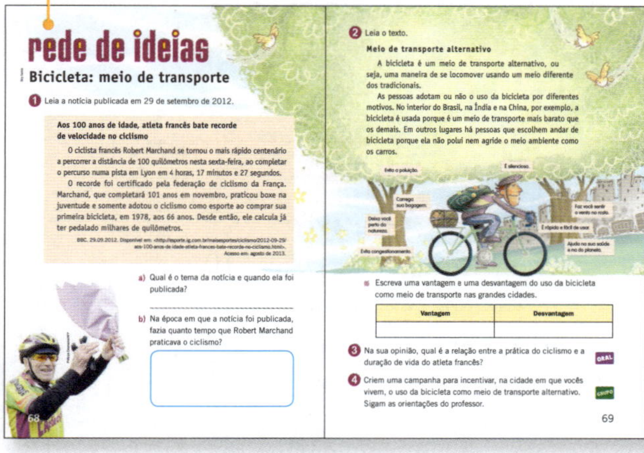

rede de ideias

Bicicleta: meio de transporte

1 Leia a notícia publicada em 29 de setembro de 2012.

Aos 100 anos de idade, atleta francês bate recorde de velocidade no ciclismo

O ciclista francês Robert Marchand se tornou o mais rápido centenário a percorrer a distância de 100 quilômetros nesta sexta-feira, ao completar o percurso numa pista em Lyon em 4 horas, 17 minutos e 27 segundos.

O recorde foi certificado pela federação de ciclismo da França. Marchand, que completará 101 anos em novembro, praticou boxe na juventude e somente adotou o ciclismo como esporte ao comprar sua primeira bicicleta, em 1978, aos 66 anos. Desde então, ele calcula já ter pedalado milhares de quilômetros.

a) Qual é o tema da notícia e quando ela foi publicada?

b) Na época em que a notícia foi publicada, fazia quanto tempo que Robert Marchand praticava o ciclismo?

68

2 Leia o texto.

Meio de transporte alternativo

A bicicleta é um meio de transporte alternativo, ou seja, uma maneira de se locomover usando um meio diferente dos tradicionais.

As pessoas adotam ou não o uso da bicicleta por diferentes motivos. No interior do Brasil, na Índia e na China, por exemplo, a bicicleta é usada porque é um meio de transporte mais barato que os demais. Em outros lugares há pessoas que escolhem andar de bicicleta porque ela não polui nem agride o meio ambiente como os carros.

- Escreva uma vantagem e uma desvantagem do uso da bicicleta como meio de transporte nas grandes cidades.

Vantagem	Desvantagem

3 Na sua opinião, qual é a relação entre a prática do ciclismo e a duração de vida do atleta francês? ORAL

4 Criem uma campanha para incentivar, na cidade em que vocês vivem, o uso da bicicleta como meio de transporte alternativo. Sigam as orientações do professor. GRUPO

69

Rede de ideias

Esta seção retoma conceitos trabalhados na unidade e os desenvolve em conexão com outras áreas do saber.

Qual é a pegada?

Nesta seção você vai perceber que atitudes no dia a dia podem ajudar a preservar o lugar em que vivemos e construir um futuro melhor. Você também vai refletir sobre valores e atitudes que contribuem para sua formação como cidadão.

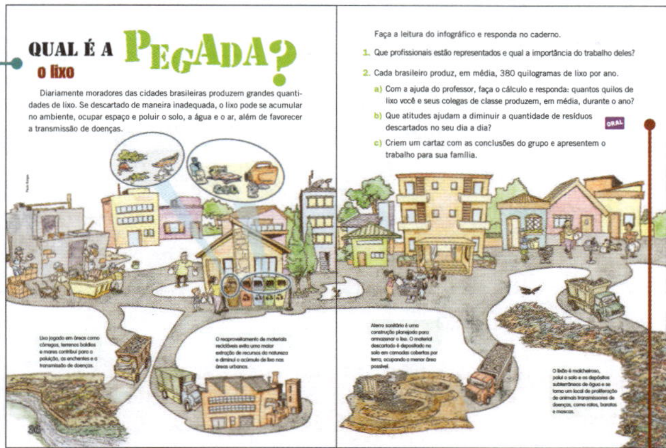

QUAL É A PEGADA?
o lixo

Diariamente moradores das cidades brasileiras produzem grandes quantidades de lixo. Se descartado de maneira inadequada, o lixo pode se acumular no ambiente, ocupar espaço e poluir o solo, a água e o ar, além de favorecer a transmissão de doenças.

Faça a leitura do infográfico e responda no caderno.

1. Que profissionais estão representados e qual a importância do trabalho deles?
2. Cada brasileiro produz, em média, 380 quilogramas de lixo por ano.
   a) Com a ajuda do professor, faça o cálculo e responda: quantos quilos de lixo você e seus colegas de classe produzem, em média, durante o ano?
   b) Que atitudes ajudam a diminuir a quantidade de resíduos descartados no seu dia a dia? ORAL
   c) Criem um cartaz com as conclusões do grupo e apresentem o trabalho para sua família.

Significado dos ícones

Ao longo do livro você vai ser convidado a realizar várias atividades. Em algumas delas, fique atento às orientações dadas por estes ícones:

ORAL DUPLA GRUPO

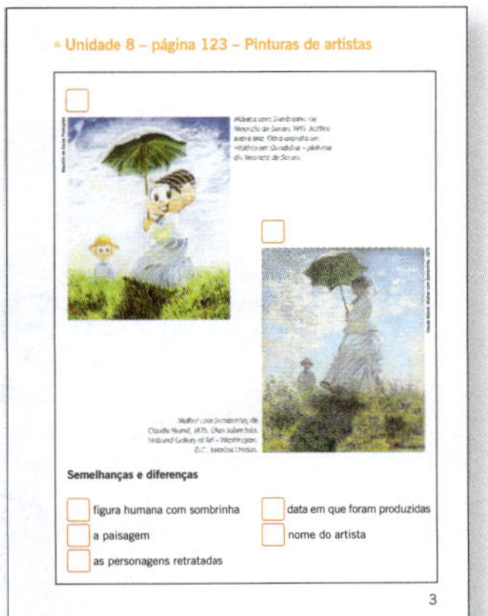

Unidade 8 – página 123 – Pinturas de artistas

Semelhanças e diferenças

- figura humana com sombrinha
- a paisagem
- as personagens retratadas
- data em que foram produzidas
- nome do artista

3

Unidade 3 – página 48 – Capitais do Brasil

Unidade 2 – páginas 34 e 35 – São Luís do Maranhão

Material Complementar e Adesivos

O livro traz um encarte com fichas, roteiros, imagens e adesivos para serem destacados e utilizados em algumas atividades.

SUMÁRIO

Biry Sarkis

Biry Sarkis

UNIDADE 1

O lugar onde eu moro

Observe a imagem e faça as atividades com os colegas.

1. Descrevam as moradias da rua que vocês observaram na imagem.

2. Organizem-se em dois grupos:

   Grupo A – gostaria de morar nessa rua.

   Grupo B – não gostaria de morar nessa rua.

   - Cada grupo vai explicar por que gostaria ou não de morar nessa rua.

3. A rua em que você mora se parece com a representada na imagem? Cite as semelhanças e as diferenças.

Capítulo 1

Moradias

Atualmente existem diferentes tipos de moradia. Mas será que sempre foi assim? Na sua opinião, como eram as moradias no passado? Que tipo de construções existia? ORAL

Todas as pessoas precisam de um lugar para viver, dormir, comer e se proteger do frio e da chuva. As moradias são construídas em função do modo de vida, da cultura e dos materiais disponíveis em cada lugar.

1. Cole as imagens de acordo com as legendas. Use os **Adesivos**.

1

Casa-barco em Amsterdã, Holanda, 2010.

2

Edifícios em Miami, Estados Unidos, 2009.

3

Palafitas, casas construídas sobre estacas, em comunidade ribeirinha do Pará, Brasil, 2009.

4

Oca do povo indígena Kalapalo, aldeia Aiha, em Mato Grosso, Brasil, 2011.

2. Quais das moradias da página 10 são parecidas com as que existem no lugar onde você vive?

3. Organizem um painel com imagens de diferentes tipos de moradia. Criem legendas para as imagens e um título para esse painel. GRUPO

4. Acompanhe a leitura do texto.

WWW

As aldeias circulares construídas pelos índios Kanela, do Maranhão

Os índios Kanela vivem no cerrado do Maranhão. [...]

Suas casas são feitas tradicionalmente com toras de madeira cobertas com folhas das palmeiras inajá ou babaçu. São casas retangulares com portas nas paredes que correspondem aos lados maiores do retângulo.

Os locais em que cada casa é construída são estabelecidos de maneira a formar um círculo. Bem no centro desse círculo os Kanela estabelecem um pátio, um local de encontro entre todos os moradores. Da porta de cada casa da aldeia sai um caminho reto que vai diretamente a esse pátio central. Como as casas estão dispostas de maneira circular, a distância de qualquer uma delas até o pátio central é sempre igual. [...]

Vista do alto, a aldeia Kanela se parece com uma *pizza* com os pedaços recém-cortados.

Disponível em: <www.arara.fr/BBTRIBOKANELA.html>. Acesso em: fevereiro de 2015.

a) Faça um desenho para representar a aldeia. Por que a aldeia Kanela é comparada a uma *pizza*.

b) No lugar onde você vive existe um local de encontro dos moradores semelhante ao pátio do povo Kanela? Descreva esse local. ORAL

Moradias do presente e do passado

No Brasil existem formas de morar muito antigas, que ainda **permanecem** no presente, como a casa de taipa e o sobrado colonial. Essas moradias são tradicionais e encontradas em diferentes regiões do nosso país.

Colonial: período da história do Brasil que vai de 1500 a 1822, ano da proclamação da Independência do Brasil.
Tradicional: que forma uma tradição; maneira histórica de construção passada de geração a geração.

A casa de taipa

Nos anos após 1500 (época da chegada dos portugueses), as casas construídas no Brasil eram feitas com barro socado e madeira.

Johann Moritz Rugendas, litogravura de Engelmann

Moradia de taipa retratada na obra *Habitação de negros*, de Johann Moritz Rugendas, 1822 a 1825. Litogravura aquarelada publicada em *Viagem pitoresca e histórica ao Brasil*, 1835.

Ecocentro IPEC

Para formar as paredes da casa, o barro é socado com golpes de pilão dentro de uma armação de madeira. Goiás, 2007.

Rubens Chaves/Pulsar Imagens

Casa de taipa em Poço Redondo, Sergipe, 2007.

A casa de taipa é um tipo de moradia resistente, fácil de construir e de baixo custo. Por isso, ainda é utilizada em diversas regiões do Brasil.

O sobrado colonial

No passado, um tipo de habitação tradicional no Brasil era o sobrado, conhecido como "casa de porta e janela".

Os sobrados eram construídos um ao lado do outro e no alinhamento das ruas.

Diferentes tipos de janelas e fachadas. Quanto mais rica a família, mais enfeitadas e coloridas eram as fachadas.

Rubens Chaves/Pulsar Imagens

Janelas altas e com sacada, de onde as pessoas podiam observar o movimento das ruas.

Sobrados coloniais na cidade de Salvador, Bahia, 2013.

1. Leia o texto, observe a imagem e faça a atividade.

O sobrado mostrado na imagem foi construído entre 1782 e 1784 para servir de habitação a João Rodrigues de Macedo. Mais tarde a moradia abrigou a Casa dos Contos, onde eram feitas a pesagem e a fundição do ouro retirado das minas. O local também serviu de prisão. Atualmente é um museu com um acervo de móveis, documentos, cartas, biblioteca e uma coleção de moedas.

Rubens Chaves/Pulsar Imagens

Casa dos Contos, localizada na cidade de Ouro Preto, Minas Gerais, 2011.

- Destaque e preencha a ficha da página 15 do **Material Complementar** com as informações do texto.

2. Organize as palavras para formar uma frase verdadeira.

formas   permanecem   de   antigas   no   morar   presente

____

____

____

Capítulo 2

Se essa rua fosse minha...

Observe a imagem abaixo e converse com seus colegas: se essa rua fosse sua, como seria? ORAL

Sophia

Desenho de Sophia, 9 anos, feito especialmente para esta obra.

Você já percebeu como existem ruas diferentes nas cidades? Há ruas largas e outras estreitas, ruas novas e antigas, de terra e asfaltadas, com jardim e árvores...

Além de lugar para passagem e circulação de pessoas e veículos, as ruas são espaços para atividades coletivas, como feiras livres, passeatas, protestos e festas populares.

A **moradia** de cada pessoa é um **espaço privado**, ou seja, particular.

As ruas, alamedas, travessas, avenidas e praças são **espaços públicos**, pois nelas todos têm o direito de ir e vir livremente.

1. Em uma folha à parte, desenhe a rua em que você mora e descreva para os colegas como ela é.

Hagaquezart estúdio

2. As ruas têm nomes e as moradias, números.

a) Escreva o endereço da sua moradia.

____

____

____

b) Por que é importante que as ruas tenham nome e as casas, número?

J. L. Bulcão/Pulsar Imagens

____

____

____

____

____

3. Converse com os colegas: As ruas e avenidas são espaços de convivência que necessitam de regras para que todos convivam bem?

- Escreva uma regra que deve ser obedecida por quem circula nas ruas.

____

____

____

____

____

4. Leia com os colegas e o professor os depoimentos de moradores da cidade de Londrina, Paraná.

"Os desfiles do Dia da Pátria, os carnavais de rua, as procissões eram todas na Avenida Paraná. No carnaval, eu subia na janela de casa para ver o desfile na avenida [...]. Na Estação Ferroviária tinha um barranco muito alto onde a gente brincava de escorregar."

(Neide Lazari Costa Nairne, 69 anos.)

"As ruas não eram asfaltadas e tinha muito barro quando chovia. Apenas algumas ruas no centro da cidade tinham paralelepípedo (...) as pessoas andavam a pé ou de charrete, carros eram poucos."

(Maria Expedita Ferrarezi, 63 anos.)

"No final de semana a Avenida Paraná era fechada com placas. Era o lazer da rapaziada, ficar andando pela rua."

(Luciano Teodoro Almirão, 78 anos.)

Depoimentos disponíveis em: <www.londrina.pr.gov.br/dados/images/stories/Storage/sec_idoso/publicacoes/tempo_de_lembrar-tempo_de_aprender-2_edicao.pdf>. Acesso em: setembro de 2013.

a) Que atividades costumavam acontecer na Avenida Paraná?

____

b) Que tipo de calçamento havia nas ruas?

____

c) Os depoimentos trazem informações do passado ou do presente das ruas?

- Sublinhe nos depoimentos uma frase que confirme sua resposta.

Ampliando horizontes...

livro

Essa rua é nossa, de Beatriz Meirelles, Scipione.

Neste livro é possível entender que as ruas foram feitas para todos e que é muito importante cuidar delas com responsabilidade e respeito.

Gente que faz!

Os bairros têm história

Os bairros fazem parte da cidade. Neles vivem pessoas que compartilham espaços comuns no dia a dia e que criam uma relação afetiva com eles.

Existem bairros residenciais, comerciais e industriais. Alguns bairros são antigos e outros surgiram há menos tempo ou podem estar em formação. Cada bairro tem a sua história.

Mauricio Simonetti/Pulsar Imagens

Em um mesmo bairro podem existir ruas, casas, edifícios, parques ou praças com características de diferentes épocas. Praça Generoso Marques, Curitiba, 2013.

1 Reúna-se com os colegas e elaborem três perguntas que devem ser respondidas após um passeio pelo bairro da escola.

1. ______________________________

____

2. ______________________________

____

3. ______________________________

____

2 Faça um passeio pelo bairro da escola com os colegas e professor.

a) Destaque o roteiro da página 15 do **Material Complementar** e faça registros sobre o bairro da escola.

b) Pesquise imagens que mostrem como era o bairro há cerca de 20 anos. Monte, com os colegas, um painel com as imagens.

c) Elabore um texto que destaque o que mudou e o que permaneceu no bairro.

3 Imagine que houvesse a possibilidade de entrevistar um antigo morador do bairro. Que tipo de informação poderia ser acrescentada às que foram obtidas no passeio? **ORAL**

Biry Sarkis

Atividades

1. Observe a imagem e leia o texto.

A Rua do Bom Jesus é uma das mais antigas da cidade de Recife, em Pernambuco. No início era conhecida como Rua do Bode. Em 1636, teve seu nome trocado para Rua dos Judeus, pois abrigava a primeira sinagoga brasileira. A partir de 1654 foi chamada Rua da Cruz, até que em 1870 foi aprovado pelo Conselho Municipal o nome atual: Rua do Bom Jesus.

Leo Caldas/Pulsar Imagens

a) Cole os nomes da rua de acordo com o período indicado. Use os **Adesivos**.

Antes de 1636 ⟶ ______

Entre 1636 e 1653 ⟶ ______

De 1654 a 1870 ⟶ ______

A partir de 1870 ⟶ ______

b) A Rua do Bom Jesus é um espaço público? Por quê? **ORAL**

2. Pinte a letra que indica a imagem mais antiga.

Guilherme Gaensly/Acervo Instituto Moreira Salles

Rua do Bom Jesus, em Recife, por volta de 1880.

João Carlos Mazella/JCM/FotoArena

Mesma Rua do Bom Jesus fotografada em 2013.

- Escreva no caderno as características das construções tradicionais dessa rua, conhecidas como “casas de porta e janela”.

rede de ideias

Lixo nas ruas das cidades pode sair caro!

Para a convivência nas ruas das cidades existem regras. Uma delas está relacionada ao lixo.

Em algumas cidades do mundo se aprende desde pequeno a recolher e dar destino correto a todo lixo produzido. E ainda há aquelas em que multas são aplicadas a quem descartar o lixo no chão; e não importa o tamanho do lixo: um chiclete, uma latinha ou um eletrodoméstico.

Observe o infográfico.

Mundo – Multa para quem joga lixo na rua

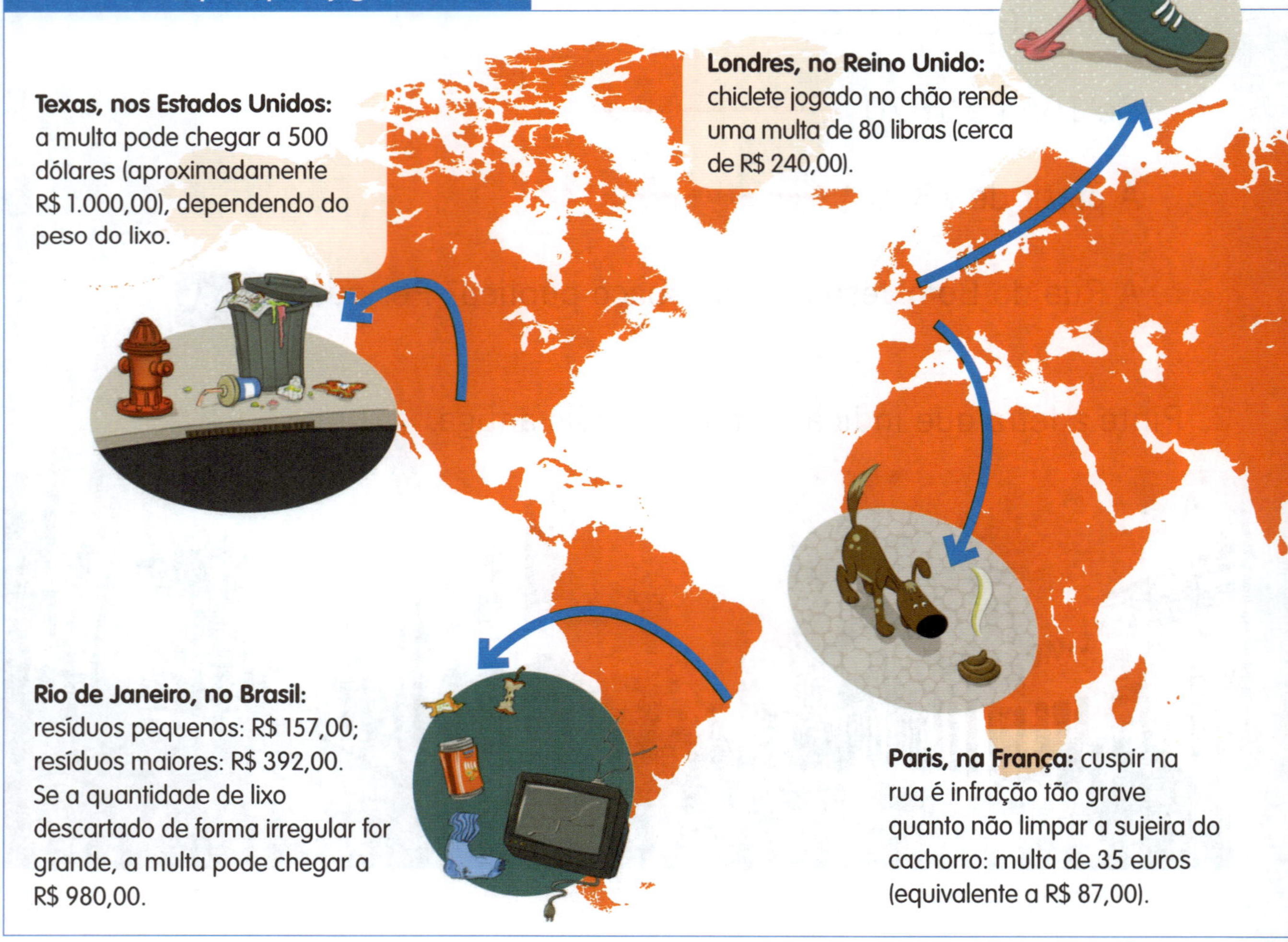

Dados do infográfico obtidos em: <http://g1.globo.com/rio-de-janeiro/noticia/2013/04/prefeitura-do-rio-vai-multar-partir-de-julho-quem-jogar-lixo-na-rua.html> e <http://g1.globo.com/sao-paulo/sao-paulo-mais-limpa/noticia/2012/05/descarte-irregular-de-lixo-gera-multa-ou-prisao-no-japao.html>. Acesso em: fevereiro de 2015.

1 Responda às questões.

a) Qual é o tema tratado no infográfico?

____

b) Qual será a multa para quem descartar um canudinho nas ruas do Rio de Janeiro?

____

c) Discuta com os colegas: Você concorda com essa medida de multar quem joga lixo nas ruas? Que benefícios ela trará para as cidades?

2 Leia a afirmação e converse com os colegas.

> Todas as pessoas são responsáveis pela conservação e limpeza dos espaços públicos que frequentam.

Imagem de escultura feita com material reciclado e exposta no Festival Lixo e Cidadania, Minas Gerais, 2010.

- De que forma você pode contribuir com a limpeza e a conservação dos espaços públicos? ORAL

3 Observe no infográfico a obra de arte feita como forma de protesto contra o lixo descartado nas ruas de uma cidade.

a) No lugar em que vocês vivem há problemas de lixo descartado nas ruas? ORAL

b) Escrevam, em uma folha à parte, uma carta para as autoridades com sugestões para melhorar a situação. GRUPO

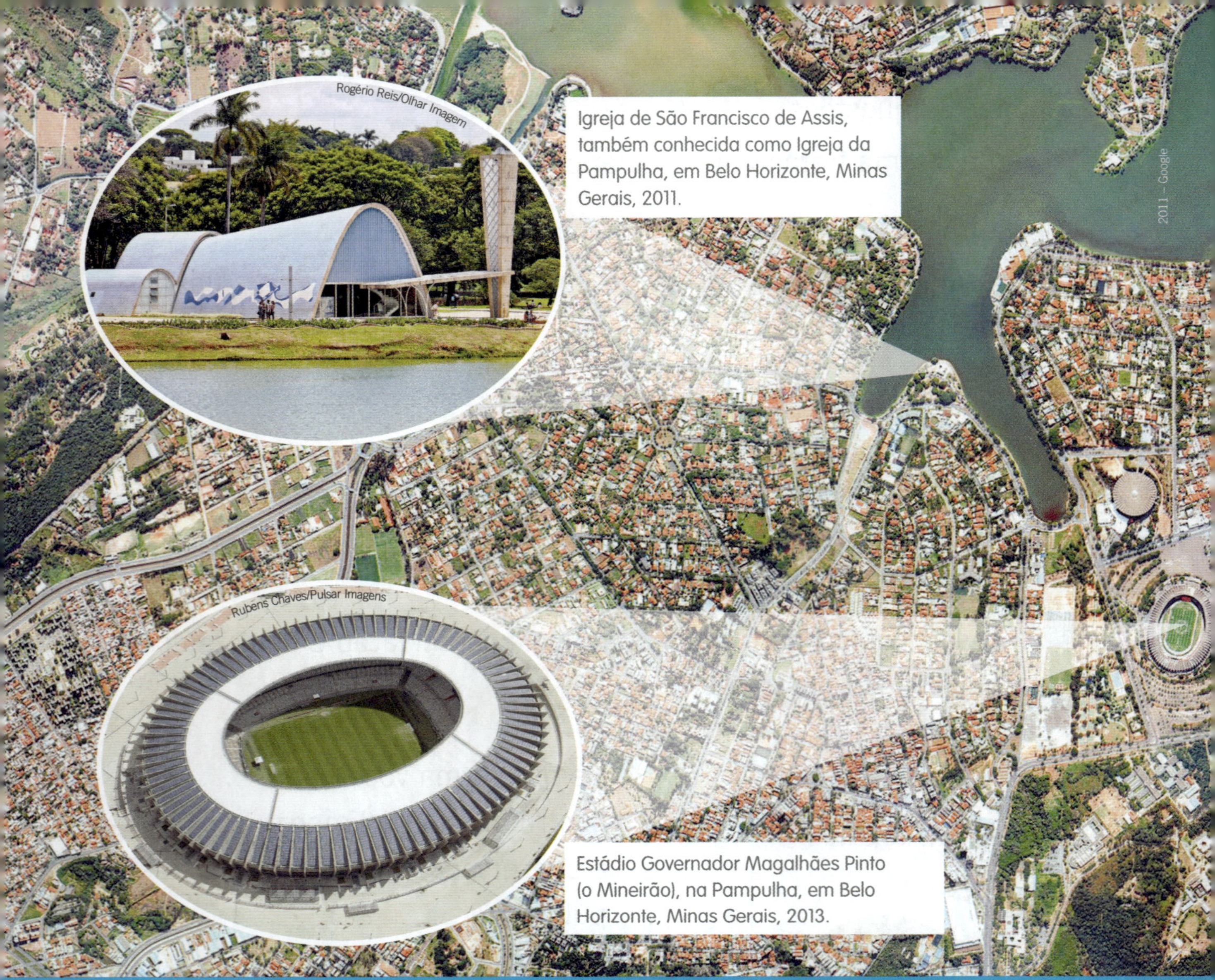

Rogério Reis/Olhar Imagem

Igreja de São Francisco de Assis, também conhecida como Igreja da Pampulha, em Belo Horizonte, Minas Gerais, 2011.

Rubens Chaves/Pulsar Imagens

Estádio Governador Magalhães Pinto (o Mineirão), na Pampulha, em Belo Horizonte, Minas Gerais, 2013.

2011 - Google

UNIDADE 2

Vivendo nas cidades

Aeroporto da Pampulha, em Belo Horizonte, Minas Gerais, 2013.

Campus da Universidade Federal de Minas Gerais (UFMG), na Pampulha, Belo Horizonte, 2010.

Observe as imagens, leia as legendas e converse com os colegas.

1. O que está representado nas imagens?

2. Será que a cidade de Belo Horizonte sempre foi assim?

3. Dê sua opinião: As cidades são todas iguais?

Capítulo 1

O cotidiano nas cidades

Como é a vida das pessoas que vivem na sua cidade? Que atividades elas realizam? E que tipo de serviço essas pessoas utilizam? ORAL

Atualmente, mais da metade da população mundial vive em cidades.

As pessoas que vivem nas cidades podem encontrar opções de trabalho, diversão, convivência e serviços ao frequentar espaços públicos (como ruas, parques, escolas, hospitais) e privados (como restaurantes, cafés, cinemas e lojas).

Muitas cidades se parecem, pois oferecem uma estrutura de serviços semelhante, como sistema de transporte, meios de comunicação e aparelhos de lazer. Mas as cidades também são diferentes, pois cada uma se identifica por sua história, suas características geográficas e seus habitantes.

AFP

Celso Pupo/Fotoarena

Festa popular tradicional na cidade de Oruro, na Bolívia, 2013. A rua é o espaço público onde as pessoas podem se divertir.

Praia da Barra da Tijuca, na cidade do Rio de Janeiro, 2013. A praia é um espaço público de convivência entre todas as pessoas.

1. Observe as imagens 1, 2, 3 e 4.

a) Marque com um **X** aquelas que mostram opções de lazer das cidades.

b) Que problemas são retratados na imagem 4?

c) A cidade em que você vive se parece com algumas dessas? Qual? Pinte o quadrinho.

2. Observe a imagem e leia a legenda.

Curativos Urbanos

O projeto **Curativos Urbanos** foi criado por um grupo de amigos com o objetivo de chamar a atenção da população e do poder público para as dificuldades de locomoção nas grandes cidades. O grupo aplicou gigantes curativos coloridos em buracos nas calçadas de bairros de algumas cidades do Brasil. Na fotografia, Vale do Anhangabaú, São Paulo, 2013.

a) Qual é o objetivo do projeto Curativos Urbanos? **ORAL**

b) Qual é a sua opinião sobre a ação desse grupo de amigos? Você acha que essa foi uma atitude cidadã?

Tom Bonaventure/Getty Images

3

Tóquio, no Japão, 2009, é uma das cidades com maior número de habitantes no mundo. Nela os moradores convivem em ruas agitadas, com muitas propagandas e regras rígidas de convivência.

Alamy/Glow Images

4

Trânsito de carros e problemas de poluição no cotidiano dos moradores da cidade de Londres, Inglaterra, 2007.

Gente que faz!

Cidade também tem história: Olinda

As cidades mudam com o passar do tempo. Algumas crescem e se desenvolvem; outras diminuem em número de habitantes ou têm suas características alteradas.

Para conhecer a história de uma cidade podemos pesquisar documentos (jornais, fotografias, mapas e plantas antigos), investigar construções antigas e novas (prédios e monumentos) ou conversar com moradores da região.

A cidade de Olinda, em Pernambuco, é uma das mais antigas do Brasil.

O povoado teve início há cerca de 480 anos, logo após os portugueses chegarem ao território do Brasil. Em 1535, Olinda já estava elevada à categoria de vila.

> **Forte**: construção murada e cercada por canhões que tinha a função de defesa contra invasões de vilas e cidades no litoral do Brasil.

Para defender o local de ataques externos, os portugueses ergueram um sistema de fortes em torno das praias. Contudo, em 1630 os holandeses invadiram Olinda e se estabeleceram em povoados e ilhas próximas ao porto. Em 24 de novembro de 1631, os holandeses incendiaram a cidade, após retirar os materiais nobres das edificações para construir suas casas em Recife.

Olinda precisou ser reconstruída, e hoje edificações do tempo dos holandeses podem ser vistas na cidade.

1. Observe na página a seguir as imagens e a planta baixa da cidade de Olinda, feita em 1665.
   - Leia o nome das edificações e indique a localização delas na planta.

☐ Mosteiro de São Bento	☐ Forte de São Francisco
☐ Igreja Nossa Senhora do Amparo	☐ Colégio dos Jesuítas

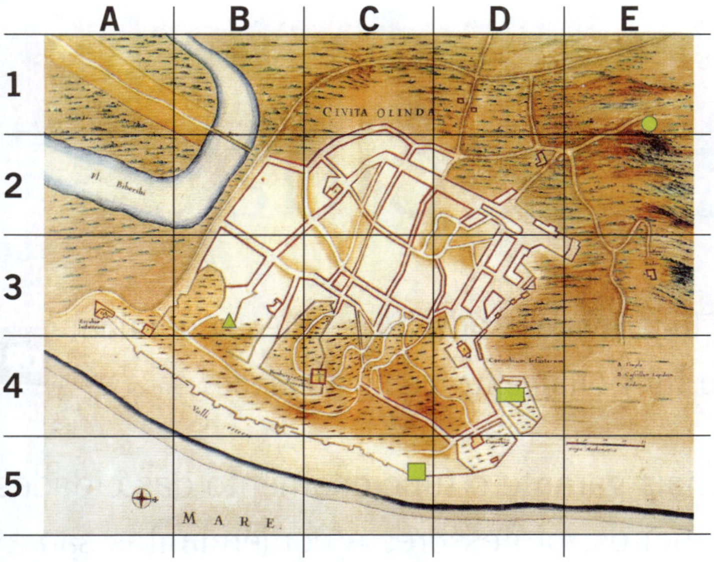

Gaspar Barleus, Rerum per octennium in Brasilia

Larissa Alves/JC Imagem

Igreja Nossa Senhora do Amparo, construída em 1613 e parcialmente destruída pelo incêndio da cidade. Foi reedificada em 1644. Fotografia de 2007.

Carlos Ezequiel Vannoni/Fotoarena

O **Forte de São Francisco**, localizado na praia de São Francisco, foi erguido pelos portugueses no final de 1629 para proteger Olinda. O forte foi ampliado pelos holandeses e reconstruído após o incêndio de Olinda. Fotografia de 2013.

Williams Aguiar/Fotoarena

Colégio dos Jesuítas (antigo colégio Real de Olinda), inaugurado em 1573 por padres jesuítas. Durante a invasão, o prédio foi utilizado como quartel general das tropas holandesas. Atualmente funciona no local o Seminário de Olinda. Fotografia de 2014.

J. L. Bulcão/Pulsar Imagens

Mosteiro de São Bento, construído a partir de 1586, foi destruído pelos holandeses. Sua reconstrução foi iniciada em 1654 e concluída em 1759. Fotografia de 2011.

2 Destaque a planta baixa atual da cidade de Olinda da página 13 do **Material Complementar**.

a) Escreva o nome de uma edificação que não aparece na planta antiga de Olinda.

____

____

b) Das edificações que você localizou na questão 1, qual mudou de função?

____

Capítulo 2

O trabalho na cidade

Que profissionais atuam no lugar em que você vive? Na sua opinião, qual a importância deles para o funcionamento de uma cidade? ORAL

O trabalho de muitos profissionais garante o funcionamento das cidades. Garis, padeiros, motoristas, enfermeiros, professores e comerciantes são alguns exemplos. Cada trabalhador tem sua função e todos são igualmente importantes para a vida de quem mora na cidade.

Thinkstock/Getty Images
Médica.

Fernando Favoretto/Criar Imagem
Coletor de lixo.

Fernando Favoretto/Criar Imagem
Motorista de ônibus.

Profissões do presente e do passado

Profissões antigas se modificam e profissões novas surgem conforme as necessidades das pessoas e as novas tecnologias. Por isso, no presente existem novas profissões, como técnico de telefonia celular, programador de computador e projetista de *video game.*

Há também profissões que foram importantes no passado, mas que deixaram de existir, como o entregador de gelo. Por fim, há profissões antigas que ainda estão presentes no cotidiano das cidades, como o feirante, o sapateiro e o pedreiro.

1. Escreva o nome da profissão de duas pessoas de sua família e explique por que elas são importantes para quem vive na cidade.

Profissão: ______________________________

É importante porque:

____

____

Profissão: ______________________________

É importante porque:

____

____

2. Leia o depoimento da gaúcha Bethina Fróes, professora aposentada que nasceu em 1943.

Hildegard Rosenthal/Acervo IMS

Entregador de leite junto ao caminhão, cerca de 1940.

Eu me lembro que, quando eu tinha uns 4 ou 5 anos, o entregador de leite passava todos os dias, bem cedinho, na nossa porta para encher o nosso tacho de leite. Quando a gente escutava o barulho do caminhão chegando, era aquela gritaria: "Mãe, rápido, o caminhão do leite!".

Minha mãe corria para pegar o tacho de alumínio vazio. Ele abria as garrafas de vidro na nossa frente, enchia o tacho e ia embora.

Depoimento de Bethina Fróes, especialmente para esta obra.

Tacho: recipiente de ferro ou cobre usado também para fins culinários.

a) Sublinhe, na questão, quem deu esse depoimento e a profissão destacada nele.

b) Por que essa profissão deixou de existir? Converse com os colegas e registre no caderno as conclusões do grupo.

3. Observe a imagem e leia a legenda.

Pedro Ladeira/Frames/AE

Em dezembro de 2012, a presidente Dilma Rousseff homenageou Dalva Maria Carvalho Mendes, primeira mulher da nossa história a ocupar o cargo de oficial-general das Forças Armadas Brasileiras.

a) Por que esse fato mereceu destaque?

---

b) Dilma Rousseff também foi eleita para um cargo que só havia sido ocupado por homens. Qual é o cargo?

---

c) Imagine e desenhe em uma folha à parte uma profissão diferente que você gostaria de exercer quando se tornar adulto.

4. Leia a ficha sobre Mário Paiva.

Petra Elster

Mário Paiva

Experimentador de sorvete

"Tomo sorvete todos os dias no trabalho. Mas o mais legal é perceber os sabores e cheiros de cada receita. Esse é o maior desafio."

Epitácio Pessoa/AE

Idade: 28 anos

Formação: Ciência do alimento

Trabalho atual: Coordenador de pesquisa e desenvolvimento de uma empresa de sorvetes.

Principais funções: Cria receitas de sorvetes, experimenta e avalia novos sabores.

Quando criança queria ser: Médico, como o pai.

Fonte dos dados: *O Estado de S. Paulo*. Estadinho. São Paulo, 5 de novembro de 2011. p. 5.

a) Contorne a ocupação atual de Mário Paiva.

b) Por que a profissão dele é importante? ORAL

5. Você e seus colegas vão fazer uma pesquisa de opinião.

a) Faça a pergunta indicada a um adulto da sua família e registre a resposta dada.

Na sua opinião, existem profissões próprias para homens e outras apenas para mulheres? Por quê?

b) Registre na tabela os resultados obtidos com a pesquisa.

Resposta	Registro	Total
Sim		
Não		

c) Vocês concordam com a opinião da maioria das pessoas que participaram da pesquisa? Escreva as conclusões do grupo. GRUPO

6. Escreva dois exemplos de profissionais que trabalham nas ruas.

Ampliando horizontes...

livro

Um mundo de crianças, de Ana Busch e Caio Vilela, Panda Books.

A obra trata de hábitos e apresenta um pouco do universo de crianças que vivem em lugares diferentes do mundo.

Atividades

1. Leia o texto e complete o quadro.

A cidade era antiga e ficava na beira do mar. Tinha ruas estreitas, igrejas lindas e pracinhas. Tinha lembranças de um tempo de muita riqueza. Tinha fortes que não serviam para mais nada, mas antigamente tinham sido usados para defender a cidade dos ataques de piratas. Tinha casas coloniais de dois andares, com jardins em pátios internos e varandinhas cheias de vasos de flores. [...]

Ana Maria Machado. *De carta em carta*. São Paulo: Salamandra, 2011. p. 4.

Característica da cidade	
Localização da cidade	
Espaços públicos da cidade	
Edificação antiga sem função na atualidade	
Tipo de moradia	

■ Agora, escreva um texto contando como é a cidade onde você vive.

Biry Sarkis

2. Esta obra retrata a festa de São João nas ruas de uma cidade. Só pessoas que foram convidadas podem participar dessa festa? Por quê? **ORAL**

Assis Costa

Noite de São João, de Assis Costa, 2009. Acrílica sobre tela. Coleção particular. Brasil.

- Marque com um **X** o que você observa na imagem.

  - [ ] As moradias da cidade são casas coloniais térreas ou sobrados.
  - [ ] Todas as pessoas usam roupas típicas de festa junina.
  - [ ] Algumas pessoas estão trabalhando.
  - [ ] Há outros tipos de edificação além das moradias.

3. Observe as imagens.

Empresa Brasileira de Correios e Telégrafos

Representação de carteiro no século XIX em cartão-postal da década de 1980.

Du Zuppani/Pulsar Imagens

Carteiro em Tiradentes, Minas Gerais, 2010.

a) Qual a profissão retratada? Que tipo de trabalho exerce esse profissional?

____

____

b) Essa profissão sofreu muitas mudanças no decorrer do tempo? **ORAL**

rede de ideias

Toda cidade tem patrimônio

Em todos os lugares existem patrimônios históricos, culturais e naturais, que funcionam como "lugares da memória".

Os patrimônios podem ser materiais (documentos, esculturas, edificações) ou imateriais (brincadeiras, festas e danças populares, lendas, músicas, costumes).

BRASIL – São Luís do Maranhão

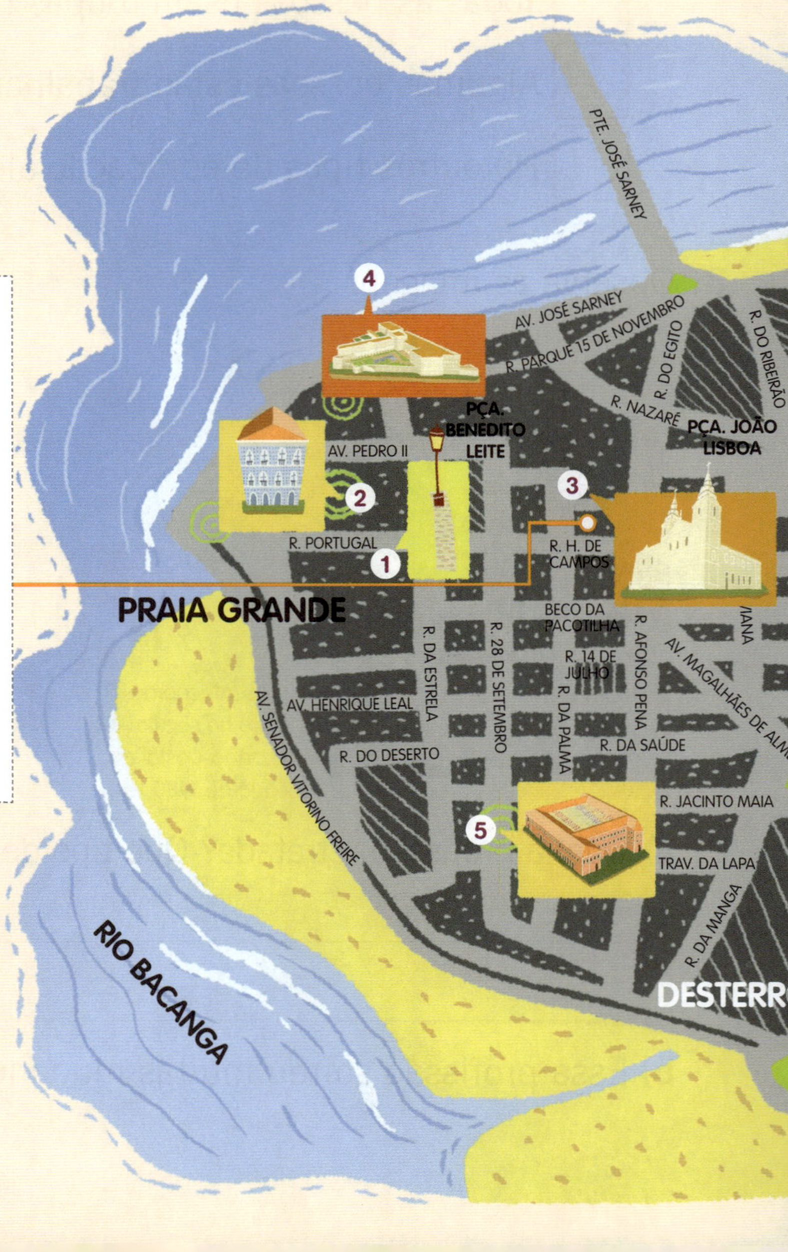

Edifício São Luís, no Maranhão, possui a maior fachada de azulejos coloniais das Américas. Fotografia de 2014.

Representação para fins didáticos.

1 Destaque a ficha de São Luís da página 13 do **Material Complementar**.

a) Complete o infográfico abaixo seguindo as informações das legendas. Use os **Adesivos**.

b) Discuta com os colegas: Por que é importante preservar o patrimônio de um lugar?

c) Observe a imagem do **azulejo**, muito comum em sobrados em São Luís. Depois faça uma pesquisa e complete a ficha sobre o azulejo.

2 Pesquisem e escolham um patrimônio da sua região. Faça uma montagem como a de São Luís, destacando os elementos culturais, históricos ou naturais. GRUPO

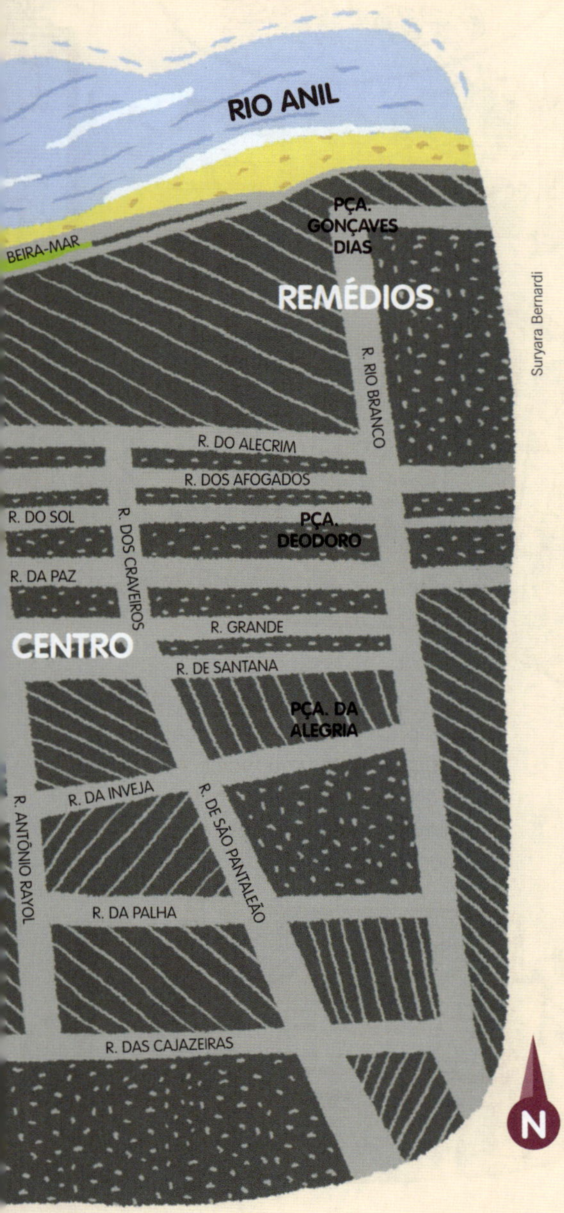

Suryara Bernardi

Detalhe de azulejo em construção colonial na cidade de São Luís, Maranhão.

1. **Rua Portugal**: é o retrato urbano do século XIX, cheia de prédios coloniais com azulejos portugueses.
2. **Casa de Nhozinho**: sobrado de três andares, com beiral coberto de azulejos franceses. Neste espaço, é representado o modo de vida dos maranhenses que vivem no interior e no litoral.
3. **Catedral da Sé**: construída por jesuítas, provavelmente com mão de obra indígena, e inaugurada em 1699.
4. **Palácio dos Leões**: construído pelos franceses em 1612, o mesmo ano da fundação da cidade, abriga hoje a sede do governo do estado do Maranhão.
5. **Convento das Mercês**: inaugurado pelo padre Antônio Vieira no ano de 1654 para abrigar a ordem dos mercedários, de origem espanhola. Hoje, abriga a Fundação da Memória Republicana.

QUAL É A PEGADA?

o lixo

Diariamente moradores das cidades brasileiras produzem grandes quantidades de lixo. Se descartado de maneira inadequada, o lixo pode se acumular no ambiente, ocupar espaço e poluir o solo, a água e o ar, além de favorecer a transmissão de doenças.

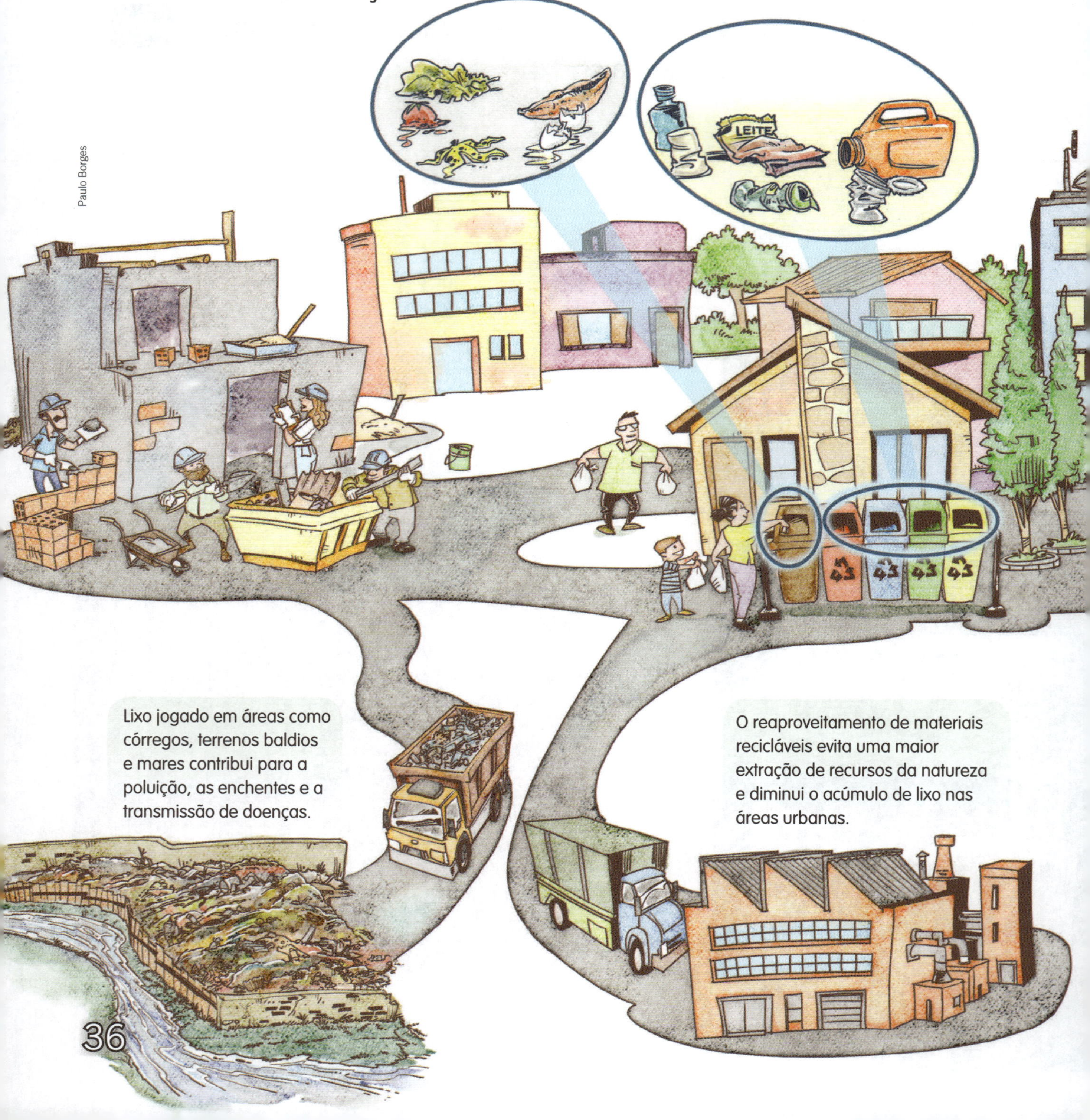

Paulo Borges

Faça a leitura do infográfico e responda no caderno.

1. Que profissionais estão representados e qual a importância do trabalho deles?

2. Cada brasileiro produz, em média, 380 quilogramas de lixo por ano.

a) Com a ajuda do professor, faça o cálculo e responda: quantos quilos de lixo você e seus colegas de classe produzem, em média, durante o ano?

b) Que atitudes ajudam a diminuir a quantidade de resíduos descartados no seu dia a dia? ORAL

c) Criem um cartaz com as conclusões do grupo e apresentem o trabalho para sua família.

1850

Emil Bauch

Largo do Corpo Santo (atual Praça do Marco Zero), em Recife, Pernambuco, 1852.

1900

Autoria desconhecida

Rua Nova (atual Rua João Pessoa), em Recife, Pernambuco, 1902.

UNIDADE 3

A formação das cidades

1950

2000

Roger-Viollet/AFP

Cidade Velha, em Recife, Pernambuco, 1957.

Marcos Michael/JCR/AE

Avenida Guararapes, na região metropolitana de Recife, Pernambuco, 2004.

2010

Vista geral da Avenida Agamenon, em Recife, Pernambuco, 2012.

João Prudente/Pulsar Imagens

Observe a linha do tempo e converse com os colegas sobre as questões.

1. O que as fotografias e os números representam?

2. Como as imagens estão organizadas?

3. Analisem o desenvolvimento da cidade de Recife: que mudanças e permanências podem ser observadas?

Capítulo 1

As cidades

Na sua opinião, como são formadas as cidades? Todas elas crescem e se desenvolvem do mesmo jeito? ORAL

As primeiras cidades da história da humanidade se desenvolveram há mais de 10 mil anos. Isso aconteceu quando pequenos grupos humanos fixaram-se em uma região e passaram a trabalhar em ocupações especializadas. Com isso, foi possível formar um estoque de alimentos, estabelecer o comércio e organizar a divisão de trabalho em um mesmo espaço.

As cidades são diferentes

Existem cidades muito antigas e outras que se formaram há menos tempo. As cidades europeias, como Lisboa (em Portugal), são bem antigas; já as cidades norte-americanas, como Nova York (nos Estados Unidos), são mais recentes.

Há pouco mais de 500 anos, quando os europeus chegaram à América, encontraram povos que viviam em aldeias ou cidades, algumas delas ricas e organizadas, como Tenochtitlán (atual Cidade do México).

Album/Oronoz/Latinstock

Gravura de Braun Georg retratando a cidade e o porto de Lisboa, cerca de 1600. Biblioteca Nacional da Espanha.

Only France/AFP

Vista aérea da cidade de Nova York, nos Estados Unidos, 2013.

A formação das cidades no Brasil

Nas terras que hoje formam o Brasil, os portugueses encontraram indígenas em aldeias, vivendo de uma forma diferente daquela como viviam os europeus.

Anos após a chegada dos portugueses, surgiram os primeiros aglomerados urbanos no Brasil: inicialmente próximos do litoral e depois no interior do território.

As primeiras vilas e cidades brasileiras se formaram no litoral, pois, através dos portos, partiam as mercadorias produzidas no Brasil para serem vendidas na Europa. Pelo porto também chegavam as mercadorias vindas de Portugal.

No litoral das vilas e cidades também eram construídos fortes em locais estratégicos, para facilitar a vigilância dos navios que ali chegavam e proteger a população.

1. Releia o primeiro parágrafo do texto da página 40. Marque a alternativa que melhor descreve o assunto tratado nele.

- [ ] Como era o mundo há 10 mil anos.
- [ ] Como os seres humanos passaram a exercer atividades especializadas.
- [ ] Condições que favoreceram o desenvolvimento das primeiras cidades da humanidade.

2. Leia a afirmativa.

> Há cidades brasileiras que são mais antigas que Lisboa, em Portugal.

- Essa frase é verdadeira ou falsa? Explique.

____

____

____

____

3. Encontre no diagrama as palavras que correspondem às definições.

X	L	I	T	O	R	A	L	U	F
C	G	H	U	O	H	K	P	I	O
E	U	T	J	L	N	L	I	U	R
T	P	O	R	T	O	K	M	N	T
U	Y	U	O	Y	M	U	O	Y	E

1. Região situada à beira-mar.
2. Edificação construída com a intenção de defesa.
3. Lugar na costa ou na margem de um rio onde podem ocorrer o embarque e o desembarque de pessoas e mercadorias.

4. Observe o mapa e responda no caderno.

BRASIL COLONIAL – Primeiras vilas e cidades ao longo da costa

Sonia Vaz

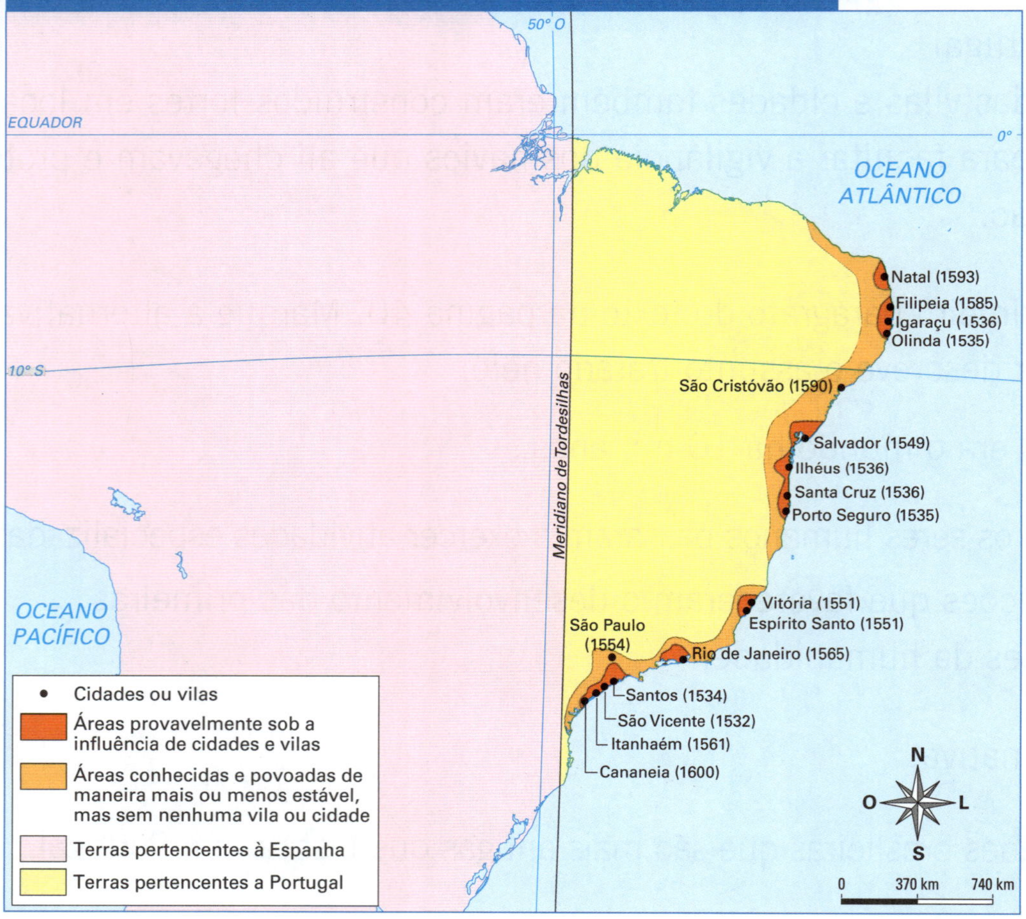

Fonte: *Atlas histórico: geral e Brasil*. Cláudio Vicentino. São Paulo: Scipione, 2011. p. 103.

a) Como os europeus alcançavam o território brasileiro por volta de 1500?

b) Escolha três palavras e escreva uma frase explicando a localização das primeiras vilas e cidades brasileiras.

Europa | cidades | litoral | mercadorias

c) Observe o mapa e escreva o nome das duas vilas mais antigas do Brasil colonial.

O desenvolvimento das cidades brasileiras

Existem cidades brasileiras que se desenvolveram aos poucos: começaram como pequenos povoados, foram se transformando em vilas e cresceram até serem consideradas cidades, como foi o caso de São Vicente (no litoral de São Paulo) e de Olinda (em Pernambuco).

Outras já foram fundadas como cidades. São exemplos Salvador (na Bahia), a primeira capital do Brasil, e Brasília, a atual capital de nosso país.

Um pequeno núcleo de habitantes é um **povoado**.

Quando um aglomerado de população é maior que um povoado e possui alguns estabelecimentos comerciais e de serviços, ele forma uma **vila**. Na época colonial, uma vila tinha de ter a Câmara Municipal e o pelourinho.

Cidade é a área que concentra uma população maior que uma vila, com diferentes atividades e um centro de poder, atualmente representado pela Prefeitura e pela Câmara Municipal.

Lucas de Godoy/FotoArena

Pelourinho na frente da antiga Casa de Câmara de Mariana, em Minas Gerais. Fotografia de 2014.

São Vicente: a primeira vila brasileira

No início do processo de exploração do território brasileiro pelos portugueses, por volta de 1501, começou a se formar o pequeno **povoado de São Vicente**, no litoral sul do atual estado de São Paulo.

Em 22 de janeiro de 1532, uma expedição comandada por Martim Afonso de Sousa chegou para tomar posse da região em nome do rei de Portugal.

Para oficializar a fundação da **vila de São Vicente**, foram construídos uma igreja, a Câmara dos Vereadores, a cadeia e o pelourinho, que representavam a autoridade do rei de Portugal nas terras brasileiras.

Mais de 300 anos depois, em 15 de novembro de 1895, a vila foi elevada à categoria de **cidade de São Vicente**.

Benedito Calixto de Jesus

Fundação de São Vicente, de Benedito Calixto de Jesus, 1900. Óleo sobre tela. Museu Paulista da Universidade de São Paulo, Brasil. A imagem retrata a fundação da vila de São Vicente, ocorrida em 1532.

1. Complete o texto com os fatos relacionados à história de São Vicente.

Em 1501, com a chegada, ao litoral do Brasil, de alguns náufragos portugueses que se aliaram aos indígenas, começou a ser formado um

_______________________________.

Em 1532, com a instalação da Câmara de Vereadores, da igreja, da cadeia e do pelourinho, São Vicente foi transformada em uma

_______________________________.

Após um período de prosperidade e crescimento, em 1895, São Vicente foi elevada à categoria de _______________________________.

2. Pinte o esquema para representar o crescimento de um aglomerado de população.

cidade | povoado | vila

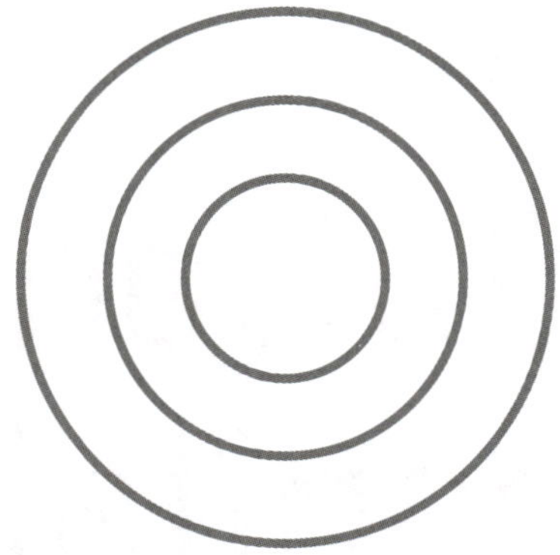

3. Leia o trecho de um dos relatos da época em que São Vicente era um povoado.

> [...] além das "coisas da terra" (galinhas, porcos e hortaliças), contava com 10 ou 12 casas, uma delas feita de pedra, coberta de telhas, ostentando uma torre para defesa contra os índios.
>
> Maria Valéria Barbosa, Nelson Santos Dias e Rita Márcia Martins Cerqueira. *Santos na formação do Brasil – 500 anos de história*. Santos: Prefeitura Municipal de Santos/Secretaria Municipal de Cultura, Fundação Arquivo e Memória de Santos, 2000. p. 2.

- Em uma folha à parte faça um desenho para mostrar como você imagina esse lugar.

4. Observe a pintura de Benedito Calixto, da página anterior.

a) Como os indígenas e os portugueses retratados nessa imagem podem ser identificados?

____

____

b) Faça o cálculo e responda: quantos anos depois da fundação da vila de São Vicente essa obra foi pintada?

c) Na época em que essa obra foi pintada, São Vicente ainda era uma vila?

____

5. Façam uma pesquisa para conhecer a história da fundação de sua cidade. GRUPO

- A história da fundação de sua cidade tem alguma semelhança com a história de São Vicente? Explique. ORAL

Capítulo 2

Salvador: a primeira capital do Brasil

A cidade de Salvador foi fundada por Tomé de Sousa em 29 de março de 1549, na Baía de Todos-os-Santos (Bahia), por ordem do rei de Portugal. Para essa missão, foi enviada ao Brasil uma frota com mais de mil pessoas.

As construções iniciais da cidade eram muito simples: quase todas feitas de taipa ou de pau a pique e cobertas de palha. A cidade de Salvador se dividia em duas partes:

- **Cidade alta**, onde ficavam os prédios públicos, como o Palácio do Governo e a Câmara dos Vereadores.
- **Cidade baixa**, reservada ao porto, ao armazém e ao restante das moradias. Era lá que se concentravam os comerciantes e os marinheiros.

Logo após a fundação de Salvador, foram construídos uma muralha e vários fortes para proteger a cidade dos ataques indígenas e da invasão de estrangeiros.

Salvador cresceu rapidamente e, por mais de 200 anos, foi a capital do Brasil e a cidade mais importante do país.

Autoria desconhecida

Gravura em cobre colorida representando a Baía de Todos-os-Santos, s/d. Nela é possível observar a parte alta e a baixa da cidade de Salvador. Coleção Luis Viana Filho, Salvador, Bahia.

1. Observe imagens de edificações da cidade de Salvador construídas no período colonial.

Rubens Chaves/Pulsar Imagens

Forte Santo Antônio da Barra, em Salvador, Bahia, 2013.

Erik Salles/FotoArena

Câmara Municipal de Salvador, Bahia, 2013.

■ Escreva a letra da imagem que se relaciona à função descrita.

☐ Administração da cidade ☐ Proteção da cidade

2. Que características tinham as edificações iniciais de Salvador?

____

____

3. Como a cidade se dividia?

____

4. Façam uma pesquisa e registrem no caderno: Como as pessoas se deslocavam antigamente da parte baixa para a parte alta da cidade de Salvador? Como se deslocam nos dias de hoje? **DUPLA**

5. Decifre o código e escreva o nome do equipamento que no passado levava as mercadorias do porto para a parte alta da cidade.

Pista: Troque a figura pela letra inicial do nome dela.

____	____	____	____	____	____	____	____	____

PriWi

Gente que faz!

Capitais do Brasil

Complete na **linha do tempo** as cidades que foram capitais do Brasil. Use os **Adesivos**.

Pista: Leia atentamente as informações das legendas.

1549 a 1763
Salvador

Cidade de Salvador, gravura do livro de Montanus, cerca de 1625.

1763 a 1960
Rio de Janeiro

Avenida Central (atual Avenida Rio Branco), fotografia de Marc Ferrez, cerca de 1906.

1960 a data atual
Brasília

Eixo Monumental, Brasília, 2013.

Década: período de dez anos consecutivos.

A **linha do tempo** é uma forma de registrar acontecimentos de determinado período em uma sequência ordenada. Ela pode ser marcada em meses, anos e décadas, por exemplo.

1 Observe a linha do tempo da página 48 e responda.

a) Além do nome das cidades, que outra informação pode ser obtida nessa linha do tempo?

____

____

b) Escreva o nome das cidades que foram capitais do Brasil e o período em que cada uma desempenhou essa função.

____

____

c) Considerando o ano atual, qual das cidades desempenhou a função de capital por mais tempo?

____

____

2 Complete a linha do tempo com as datas de surgimento das primeiras cidades brasileiras.

1585: Nossa Senhora das Neves

1565: São Sebastião do Rio de Janeiro

1549: Salvador

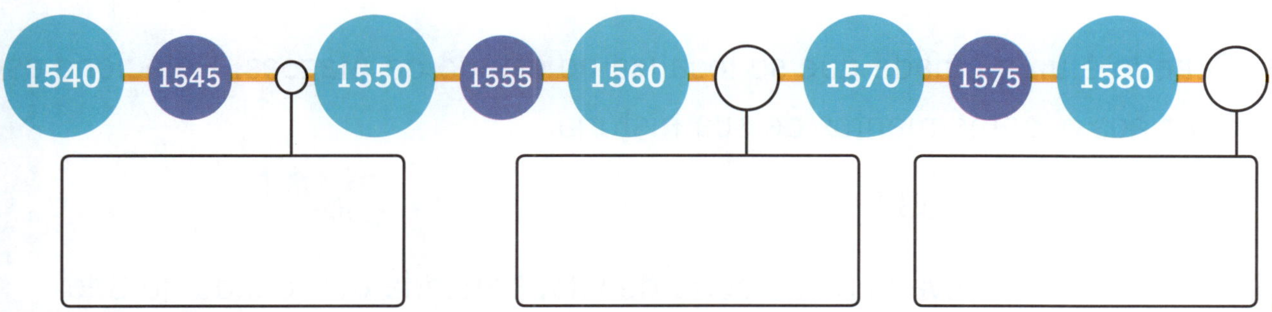

Ampliando horizontes...

livro

Salvador – a primeira capital do Brasil, de Antonietta D'Aguiar Nunes, Cortez.

O livro conta a história de Salvador, chamada Kirimuré pelos indígenas tupinambás que habitavam as terras antes dos europeus e visitada pelos portugueses pela primeira vez em 1501.

Atividades

1. Escreva duas mudanças no modo de vida dos seres humanos que favoreceram a formação das primeiras cidades da humanidade.

____

____

2. Marque com um **X** as frases verdadeiras.

- [ ] As cidades brasileiras cresceram e se desenvolveram da mesma maneira.
- [ ] As vilas da época colonial deviam ter a Câmara de Vereadores e o pelourinho.
- [ ] As primeiras vilas e cidades brasileiras surgiram no litoral.
- [ ] São Vicente, fundada por Martim Afonso de Sousa em 1532, foi a primeira cidade brasileira.

■ Reformule as frases falsas para que fiquem verdadeiras.

____

____

3. Penedo é uma cidade que se localiza no estado de Alagoas. Relacione os anos aos acontecimentos de sua história.

1534 1636 1842

[ ] Elevada à categoria de vila, batizada de Penedo do São Francisco.

[ ] Começa a formar-se um povoado às margens do Rio São Francisco, o primeiro núcleo populacional do atual estado de Alagoas.

[ ] No dia 18 de abril, foi elevada à categoria de cidade, passando a ser chamada de Penedo.

4. Observe a imagem.

Arthur Monteiro/Sambaphoto

Elevador Lacerda e vista da cidade baixa de Salvador, Bahia, 2008.

a) A cidade representada na imagem foi a primeira capital do Brasil. Que cidade é essa?

____

____

b) Escreva uma característica que essa cidade mantém desde a sua fundação e que torna o Elevador Lacerda essencial na vida de parte da população.

____

____

____

c) Escreva uma legenda para essa imagem usando as palavras:

alta | Tomé de Sousa | cidade

____

____

____

d) Qual é a função do Elevador Lacerda nessa cidade hoje?

____

5. Atualmente, os fortes que existem em Salvador são considerados atrações turísticas.

- Que função eles tinham quando foram construídos?

____

rede de ideias

Biry Sarkis

A cidade ideal

A canção **A cidade ideal** faz parte do musical infantil *Os Saltimbancos*. Nela, as personagens animais cantam como seria a cidade ideal, ou seja, aquela dos seus sonhos.

1 Leia com os colegas trechos da canção.

A cidade ideal dum **cachorro**
Tem um poste por metro quadrado
Não tem carro, não corro, não morro
E também nunca fico apertado

A cidade ideal da **galinha**
Tem as ruas cheias de minhoca
A barriga fica tão quentinha
Que transforma o milho em pipoca
[...]

Todos: Mas não, mas não
O sonho é meu e eu sonho que
Deve ter alamedas verdes
A cidade dos meus amores
E, quem dera, os moradores
E o prefeito e os varredores
Fossem somente crianças
[...]

A cidade ideal de uma **gata**
É um prato de tripa fresquinha
Tem sardinha num bonde de lata
Tem alcatra no final da linha

Jumento é velho, velho e sabido
E por isso já está prevenido
A cidade é uma estranha senhora
Que hoje sorri e amanhã te devora
[...]

A cidade ideal, de Luis Enrique Bacalov, Sergio Bardotti e Chico Buarque. Cantada no musical: *Os Saltimbancos*.

a) Quem são as personagens dessa história?

____

____

b) De qual personagem você mais gostou? Por quê? ORAL

2 Leia o texto sobre uma criança que decidiu melhorar a sua cidade.

Sofia Sales, do Brasil, ajudou o mundo aos 12 anos

Os passeios de bicicleta de Sofia com seu cão estavam com os dias contados. Um condomínio de luxo seria construído em um grande parque, que faz parte de uma área de preservação ambiental. Ela tomou uma atitude: fez um abaixo-assinado de patinhas. Postou a ideia em um *blog* e as pessoas imprimiam e assinavam com a pata de seus bichos. O documento foi enviado à prefeitura, que proibiu a obra.

O Estado de S. Paulo. Estadinho. São Paulo, 21 de abril de 2012.

- Discutam os problemas ambientais da cidade em que vocês vivem. Pensem em soluções para resolver alguns desses problemas. GRUPO

3 Destaque a pintura da página 11 do **Material Complementar**. ORAL

a) Que elementos estão presentes nessa cidade?

b) E você, como imagina a cidade ideal? No verso da imagem destacada, faça um desenho para representar o seu sonho.

UNIDADE 4

Ligando pessoas e lugares

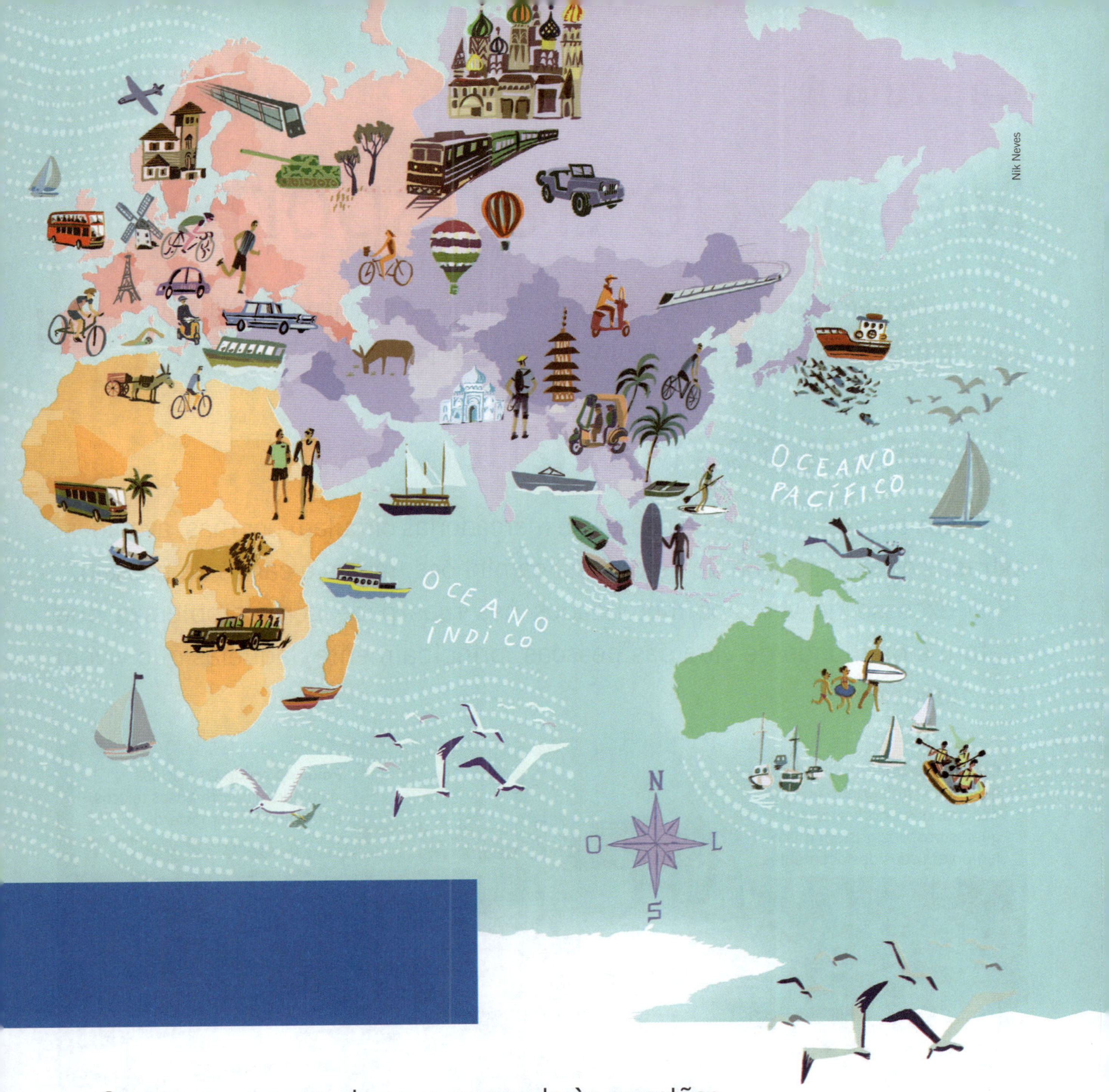

Converse com os colegas e responda às questões.

1. Quais desses meios de transporte são utilizados no lugar onde você vive?

2. Que meios de transporte mostrados nas imagens podem ser considerados coletivos? Por quê?

3. De que maneira os meios de transporte contribuem para a vida das pessoas?

Capítulo 1

Meios de transporte

Converse com os colegas: O que são meios de transporte? Na sua opinião, como as pessoas se locomoviam no passado? ORAL

O transporte rodoviário

Todos os dias, milhões de pessoas e mercadorias circulam por ruas, avenidas, estradas e rodovias a bordo de ônibus, caminhões, motos e carros de passeio.

O excesso de veículos motorizados nas ruas pode gerar problemas que afetam a qualidade de vida das pessoas, principalmente daquelas que vivem nas cidades.

Marcello Dias/Futura Press

Congestionamento na Rodovia Presidente Dutra. Rio de Janeiro, 2013.

Os **meios de transporte** são recursos usados para transportar pessoas e mercadorias de um lugar para outro. Navios, trens, automóveis, caminhões, aviões e bicicletas são exemplos de meios de transporte.

1. Que meio de transporte você utiliza para chegar à escola?

☐ bicicleta

☐ carro

☐ perua escolar

☐ ônibus

☐ trem

Ilustrações: Petra Elster

☐ carroça

☐ canoa

☐ nenhum, vou a pé

- Selecione os quatro meios de transporte mais utilizados pela sua classe e elabore um gráfico com os resultados.

2. Os congestionamentos são comuns na cidade em que você vive?

a) Sugira uma medida para reduzir os problemas causados pelo excesso de veículos na sua cidade.

b) Com os colegas, elabore cartazes que incentivem as pessoas da comunidade a adotar as medidas sugeridas.

3. Observe as imagens.

Ismar Ingber/Pulsar Imagens

Thomaz Vita Neto/Pulsar Imagens

Bonde circulando nas ruas do Rio de Janeiro, 2011. Há cerca de 70 anos, os bondes eram o meio de transporte público de muitas cidades brasileiras.

Ônibus público circulando nas ruas de São Luís, Maranhão, 2010. Por volta de 1950, os ônibus começaram a substituir os bondes no transporte de passageiros.

- Converse com os colegas e registre as suas conclusões.

Por que o ônibus substituiu o bonde no transporte de passageiros nas cidades?

____

____

____

4. Para organizar a circulação de veículos e pessoas pelas ruas e garantir a segurança de pedestres e motoristas foram criadas as **leis de trânsito**.

- Escrevam uma lei de trânsito brasileira. Apresentem o trabalho para os colegas de classe. DUPLA

____

____

____

____

Tropas e tropeiros

Há aproximadamente dois séculos, as pessoas e as mercadorias eram transportadas de outras formas. Percorrer o território brasileiro era uma tarefa difícil, lenta e cheia de perigos, pois havia muitas matas e florestas e poucos caminhos abertos.

Século: período de cem anos.

O meio de transporte de mercadorias mais usado nesse período eram as **tropas** de mulas ou bois comandadas por **tropeiros**, homens que percorriam os povoados e as vilas transportando e vendendo produtos como alimentos e tecidos.

Jean-Baptiste Debret

Tropeiros na Várzea do Carmo, de Jean-Baptiste Debret, 1827. Aquarela sobre papel. A pintura retrata a entrada de tropeiros em São Paulo pelo caminho do Rio de Janeiro. Coleção particular, Brasil.

1. Escreva uma frase com as seguintes palavras do texto:

tropas | transportavam | mercadorias | território

---

2. Que tipo de dificuldades você imagina que as tropas enfrentavam em seu percurso? ORAL

3. Leia o texto e observe a imagem das páginas 60 e 61. Agora, escreva no caderno as vantagens do transporte em trens comparado às tropas.

A chegada da ferrovia

Há mais de 150 anos, surgiu no Brasil a primeira ferrovia. O trem permitiu a circulação de mercadorias e de pessoas de forma mais rápida, eficiente e segura. Ainda hoje o trem é um meio de transporte muito importante. Observe a imagem da evolução das locomotivas.

1. Faça um gráfico mostrando o aumento da velocidade desde o primeiro modelo de locomotiva até os trens atuais mais avançados.

Evolução das locomotivas

2. Leia a reportagem.

Viagem ao passado do trem

No dia 30 de abril de 1854, o Brasil ganhava sua primeira ferrovia: a Imperial Companhia de Navegação a Vapor e Estrada de Ferro de Petrópolis, hoje conhecida como Estrada de Ferro Mauá, que tinha 14,5 quilômetros de extensão e ligava o Porto de Mauá a Fragoso, no Rio de Janeiro. [...]

Durante as viagens, os vagões eram puxados por uma locomotiva movida a vapor, chamada de "maria-fumaça" por causa da nuvem que se formava quando ela estava em funcionamento. [...]

Viagem ao passado do trem. In Blog do Rex. *Ciência Hoje das Crianças*, fevereiro de 2013. Disponível em: <http://chc.cienciahoje.uol.com.br/viagem-ao-passado-do-trem/>. Acesso em: fevereiro de 2015.

a) Qual o tema da reportagem?

b) Como funcionava o trem?

c) Quantos anos após sua invenção a locomotiva chegou ao Brasil?

d) Esse tipo de trem ainda é utilizado? Explique. ORAL

Fonte das informações: <www.recreio.com.br/fique-ligado/voce-sabia-que-existe-trem-que-levita-saiba-mais-curiosidades-sobre-trens>. Acesso em: agosto de 2013.

Capítulo 2

Pelo céu e mar

O transporte aquático

Mario Friedlander/Pulsar Imagens

Chalana no rio Paraguai, próximo a Cáceres, Mato Grosso, 2012.

No Brasil, existem diferentes tipos de embarcação: jangadas, saveiros, botes, chalanas, traineiras e baleeiras. Cada um deles tem sua função: uns são usados na pesca, outros no turismo, no transporte de carga ou de passageiros.

Essa variedade é resultado da influência dos diferentes povos que formaram o Brasil, como indígenas, africanos e europeus.

A canoa, por exemplo, é um meio de transporte muito antigo e tradicional nos mares e rios brasileiros. Ela costuma ser usada para transportar pessoas e também para a prática da pesca artesanal – que é aquela feita com o trabalho das mãos do ser humano.

Renato Soares/Pulsar Imagens

Pesca artesanal em canoa no rio São Francisco, próximo a Pirapora, Minas Gerais, 2012.

1. Pesquisem imagens de tipos de embarcação utilizados no Brasil. GRUPO

a) Montem um painel com as imagens e escolham um título para ele.

b) Escrevam legendas para as imagens com o nome e a função de cada tipo de embarcação.

O transporte aéreo

Fundação Casa de Cabangu, Santos Dumont-MG

Voo do *14-Bis*, em Paris, em 23 de outubro de 1906. Um aparelho mais pesado que o ar conseguia realizar um voo. Santos Dumont foi um dos principais responsáveis pelo desenvolvimento da aviação.

No passado era comum as pessoas viajarem de navio quando queriam ir a lugares distantes. A viagem da Europa ao Brasil, por exemplo, durava meses.

Atualmente, para transportar mercadorias e pessoas a longas distâncias, também é utilizado o avião – que é um meio de transporte rápido. Uma viagem de avião entre o Brasil e a Europa leva apenas algumas horas.

Em 1906, o brasileiro Alberto Santos Dumont realizou o primeiro voo a bordo do avião *14-Bis*, um dos primeiros modelos de avião construído por ele.

1. Há quantos anos o *14-Bis* fez seu primeiro voo?

a) Qual a vantagem e a desvantagem do avião em relação ao navio?

____

____

b) Por que o brasileiro Santos Dumont é conhecido como "o pai da aviação"?

____

____

____

Ampliando horizontes...

livro

Os transportes, de Michèle Longour, Salamandra. (Coleção Criança Curiosa). Tradução: Yuri dos Anjos.

O que fazer para um passeio de bicicleta ser muito mais legal? Quem inventou a roda? Qual a maneira mais rápida de se chegar a um destino? Como serão os transportes do futuro? Essas questões serão respondidas ao longo deste livro.

Gente que faz!

Canoa caiçara: patrimônio imaterial

A canoa caiçara, de origem indígena, é bastante utilizada para pesca, esporte ou transporte de pessoas no litoral sudeste do Brasil.

Ed Viggiani/Pulsar Imagens

Pescador lançando sua canoa ao mar para atividade de pesca. São Paulo, 2013.

Esse tipo de embarcação tradicional é feito de um único tronco de árvore (por exemplo, cedro e guapuruvu) esculpido por um mestre canoeiro, que domina a técnica de construção, muito antiga, e a ensina aos mais jovens. Por isso, o modo de construção da canoa caiçara faz parte do patrimônio imaterial brasileiro.

1. Na linguagem caiçara, "tirar uma canoa" significa construir utilizando a técnica de construção da canoa caiçara.

2. A canoa começa a ser esculpida no próprio local de onde a madeira é retirada, com instrumentos simples, como a plaina e o martelo.

3. Depois ela é "puxada" para o local onde continuará a ser esculpida até tomar a forma final. Por fim, é pintada com cores vivas.

Palê Zuppani/Pulsar Imagens

Caiçara construindo uma canoa. São Paulo, 2013.

Patrimônio imaterial são os saberes e os fazeres transmitidos de geração em geração. O modo de construir um objeto, as danças, as festas e as receitas tradicionais brasileiras fazem parte do nosso patrimônio imaterial.

1. Discuta com os colegas e registre suas conclusões.

   Por que a tradição da canoa caiçara é importante?

   ____

   ____

   ____

   ____

   ____

2. Faça desenhos representando as etapas de construção da canoa caiçara.

Atividades

1. Observe o gráfico.

Brasil – Distribuição dos meios de transporte

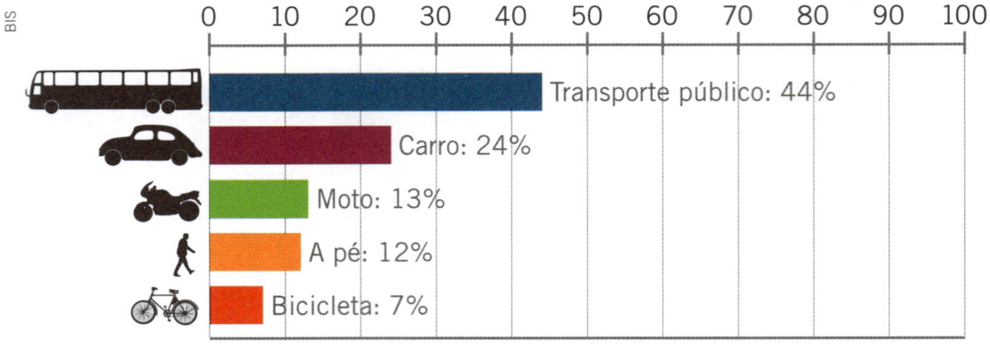

Dados do IPEA, SIPS, 2010, aproximados para fins didáticos. Disponível em: <www.ipea.gov.br/portal/images/stories/PDFs/SIPS/110124_sips_mobilidade_apresentacao.pdf>. Acesso em: fevereiro de 2015.

a) Que tipo de transporte é o mais utilizado no Brasil?

____

b) De 100 pessoas, quantas utilizam o carro como meio de transporte?

____

c) Assinale os tipos de transporte público que circulam em sua cidade.

- [ ] ônibus
- [ ] lotação
- [ ] carro de boi
- [ ] trem
- [ ] *van* ou perua
- [ ] outro ______________
- [ ] metrô
- [ ] canoa

d) Qual o meio de transporte menos utilizado nas cidades brasileiras? Formule uma hipótese para explicar.

____

____

____

____

____

2. Leia o texto e observe a imagem.

A Feira de Caruaru, localizada na cidade de Caruaru, estado de Pernambuco, surgiu em uma fazenda situada em um dos caminhos do gado, entre o sertão e a zona canavieira, onde pousavam vaqueiros, tropeiros e mascates. [...]

A Feira de Caruaru é um lugar de memória e de continuidade de saberes, de fazeres, de produtos e de expressões artísticas tradicionais [...]. Sem a dinâmica e o mercado da feira, esses saberes e fazeres já teriam desaparecido.

Disponível em: <http://portal.iphan.gov.br/bcrE/pages/folBemCulturalRegistradoE.jsf>. Acesso em: agosto de 2013.

G. Evangelista/Opção Brasil Imagens

Comércio da Feira de Caruaru, Pernambuco, 2012.

a) Explique a relação entre a Feira de Caruaru e os tropeiros.

____

____

____

____

____

b) Complete a frase com as informações do texto.

- A Feira de ____________________, considerada patrimônio imaterial do Brasil, é um lugar de ____________________ que preserva práticas culturais da região Nordeste.

rede de ideias

Biry Sarkis

Bicicleta: meio de transporte

1 Leia a notícia publicada em 29 de setembro de 2012.

Aos 100 anos de idade, atleta francês bate recorde de velocidade no ciclismo

O ciclista francês Robert Marchand se tornou o mais rápido centenário a percorrer a distância de 100 quilômetros nesta sexta-feira, ao completar o percurso numa pista em Lyon em 4 horas, 17 minutos e 27 segundos.

O recorde foi certificado pela federação de ciclismo da França. Marchand, que completará 101 anos em novembro, praticou boxe na juventude e somente adotou o ciclismo como esporte ao comprar sua primeira bicicleta, em 1978, aos 66 anos. Desde então, ele calcula já ter pedalado milhares de quilômetros.

BBC. 29.09.2012. Disponível em: <http://esporte.ig.com.br/maisesportes/ciclismo/2012-09-29/aos-100-anos-de idade-atleta-frances-bate-recorde-no-ciclismo.html>. Acesso em: agosto de 2013.

Philippe Desmazes/AFP

a) Qual é o tema da notícia e quando ela foi publicada?

____

b) Na época em que a notícia foi publicada, fazia quanto tempo que Robert Marchand praticava o ciclismo?

2 Leia o texto.

Meio de transporte alternativo

A bicicleta é um meio de transporte alternativo, ou seja, uma maneira de se locomover usando um meio diferente dos tradicionais.

As pessoas adotam ou não o uso da bicicleta por diferentes motivos. No interior do Brasil, na Índia e na China, por exemplo, a bicicleta é usada porque é um meio de transporte mais barato que os demais. Em outros lugares há pessoas que escolhem andar de bicicleta porque ela não polui nem agride o meio ambiente como os carros.

- Escreva uma vantagem e uma desvantagem do uso da bicicleta como meio de transporte nas grandes cidades.

Vantagem	Desvantagem

3 Na sua opinião, qual é a relação entre a prática do ciclismo e a duração de vida do atleta francês? ORAL

4 Criem uma campanha para incentivar, na cidade em que vocês vivem, o uso da bicicleta como meio de transporte alternativo. Sigam as orientações do professor. GRUPO

Transporte sustentável

O transporte sustentável é aquele que consegue transportar o maior número de pessoas sem agredir o meio ambiente, ou seja, usando a menor quantidade de recursos naturais e sem causar poluição e congestionamento nas cidades. Será que isso é possível?

Os veículos elétricos

Os veículos movidos a eletricidade, como ônibus e carros elétricos, não emitem gases poluentes. Eles funcionam com baterias que precisam ser recarregadas em postos especiais.

Alamy/Glow Images

Automóvel elétrico em estação de recarga. Amsterdã, Holanda.

Pirâmide inversa do tráfego

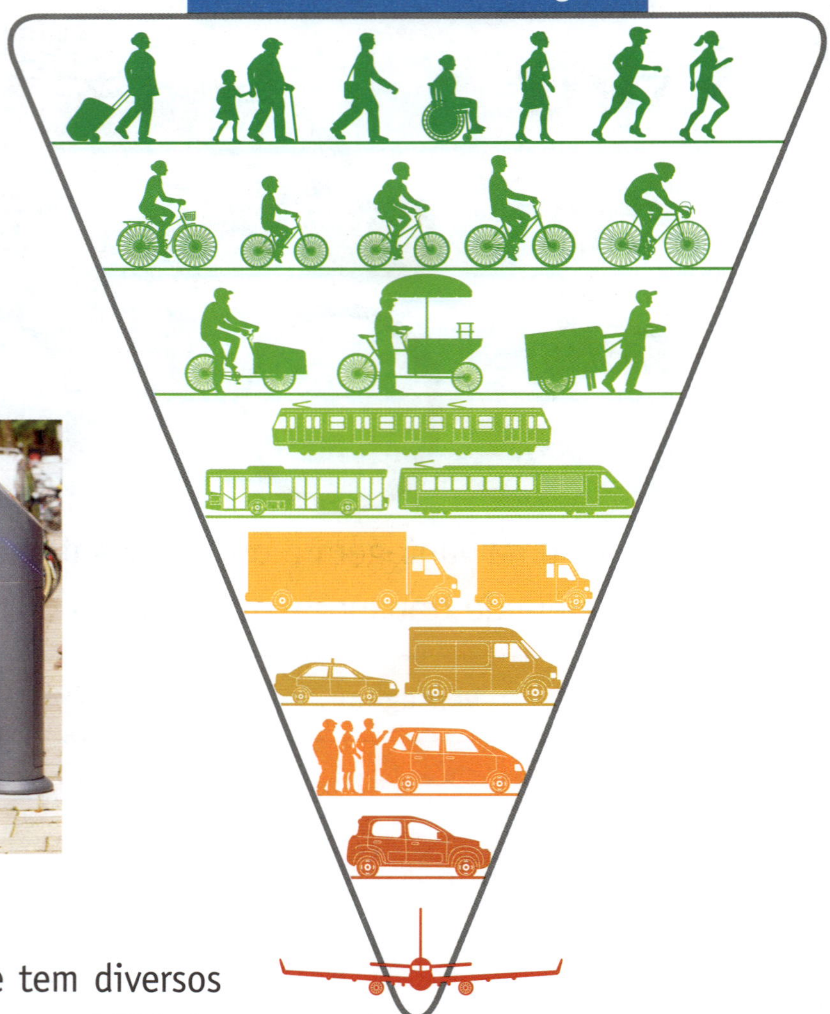

Cecilia Andrade

A Holanda é um país que tem diversos projetos voltados para a sustentabilidade. Um deles é criar a maior rede de carregadores rápidos para veículos do mundo.

Fonte da pirâmide: <http://vadebike.org/2012/01/a-piramide-inversa-do-trafego>. Acesso em: fevereiro de 2015.

Os novos postos de recarga terão painéis solares para auxiliar na captação de energia. Os aparelhos serão capazes de recarregar um carro elétrico entre 15 e 30 minutos. Ao todo, o governo holandês autorizou a instalação de 245 pontos de recarga.

Hyperloop – o transporte sustentável do futuro

Nada de carros, aviões, ônibus ou trens-bala. O transporte do futuro prevê o deslocamento de pessoas, entre distâncias menores do que 1 600 quilômetros, em cápsulas gigantes de alumínio que deslizariam dentro de tubos.

Além de mais rápido, o transporte em cápsulas seria barato e menos agressivo ao meio ambiente, porque funcionaria 100% a energia solar. Uma viagem como a de Salvador a Maceió, que hoje dura cerca de uma hora de avião e seis horas de carro, levaria 35 minutos e custaria cerca de R$ 50,00.

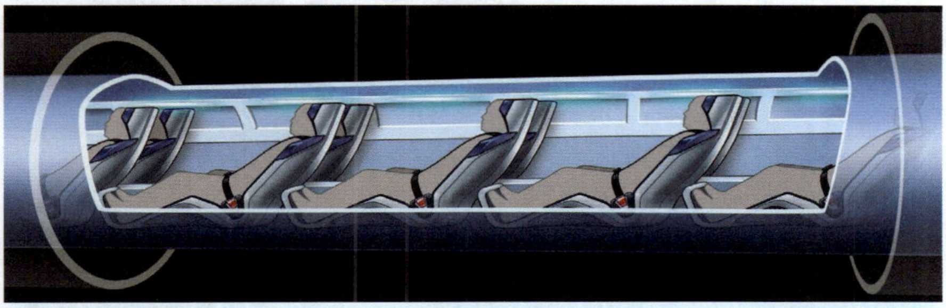

Studio Caparroz

1. Discuta com os colegas e o professor: Que formas e meios de transporte atuais podem ser considerados sustentáveis? Por quê? ORAL

2. Os veículos elétricos são mais sustentáveis que os veículos convencionais? Explique.

____

____

3. Imaginem um meio de transporte sustentável que no futuro atenda às necessidades de quem vive nas grandes cidades. DUPLA

   a) Em uma folha à parte, façam um desenho representando a ideia da dupla.

   b) Organizem uma exposição com o resultado dos trabalhos.

Fotografias: Walt Disney Co./Courtesy Everett Collection/Grupo Keystone

UNIDADE 5

O universo da comunicação

Cenas do filme *Up – Altas aventuras*, de Pete Docter e Bob Peterson. Estados Unidos, 2009.

BIS

Observe as imagens e converse com os colegas.

1. O que as personagens do filme *Up - Altas aventuras* estão fazendo?

2. O que os símbolos desta página representam? E o que eles têm em comum?

3. Dê sua opinião: Os meios de comunicação aproximam as pessoas?

Capítulo 1

A comunicação é universal

Como você mostra a uma pessoa o que está sentindo ou pensando? Será que é só por meio da fala que podemos nos comunicar? Como você imagina que as pessoas se comunicavam no tempo em que a escrita não existia? ORAL

A comunicação é uma necessidade humana. Por meio dela podemos conhecer novas pessoas, aprender e compartilhar informações e discutir problemas coletivos.

Todos os dias, ao circular nas ruas, na escola, no trabalho, no comércio, entre outros lugares, as pessoas se comunicam. Essa comunicação pode ser feita de diferentes formas: conversa, carta, *e-mail*, livro, sinais, expressões artísticas, entre outras.

Thinkstock/Getty Images

Computador, celular, *tablet* e acesso à internet: por meio deles é possível receber e enviar informações e mensagens. A tecnologia facilitou a circulação de informação.

Thinkstock/Getty Images

A comunicação entre as pessoas pode ser direta ou realizada por meio de recursos tecnológicos, que diminuíram a distância entre pessoas.

1. Leia a tirinha.

Ziraldo

a) O que as personagens fizeram para compartilhar "informações confidenciais"? **ORAL**

b) A expressão facial e a postura das meninas no último quadrinho comunicam que sentimento delas? ______________________________

2. Indique quem faz uso de cada sistema de acordo com a legenda dos **Adesivos**.

[ ] **Libras** (Língua Brasileira de Sinais) é uma forma de comunicação por meio de sinais feitos com as mãos e os braços.

[ ] **Braille** é um sistema de escrita e leitura que consiste em pontos em relevo, no papel ou em outro material, que permitem a leitura pelo tato.

Luiz Claudio Barbosa/Futura Press

Gestos, expressões e sinalizações de trânsito comunicam um tipo de informação às pessoas.

Fernando Favoretto/Criar Imagem

Os livros comunicam conhecimentos e integram as pessoas.

A invenção da escrita

AFP

Escultura representando um escriba encontrada em Sacara, no Egito, e produzida 2 500 anos antes de Cristo, aproximadamente. Museu do Louvre, Paris, França. Para ser escriba, na Antiguidade, era preciso estudar cerca de 12 anos.

A invenção da escrita é muito antiga e representa um marco na história da humanidade. Por meio da escrita foi possível registrar lembranças, ideias, descobertas, invenções, acontecimentos, datas importantes e transmiti-las ao longo do tempo.

No passado, escrever era uma técnica dominada por poucas pessoas. Por isso, o escriba, profissional que escrevia os textos ditados e fazia cópia dos manuscritos, era muito admirado.

Ao longo do tempo, foram inventadas diferentes maneiras para registrar as informações por escrito. Os primeiros registros foram realizados por meio de pictogramas. Mais tarde, foi inventado o sistema alfabético de escrita, que registrava os sons da fala humana.

Ainda hoje a escrita é uma forma de comunicação muito importante, tanto para quem anota algo em um pedaço de papel quanto para um internauta.

Pictograma: desenho simplificado representando a forma física de objetos, seres.
Internauta: usuário da internet.

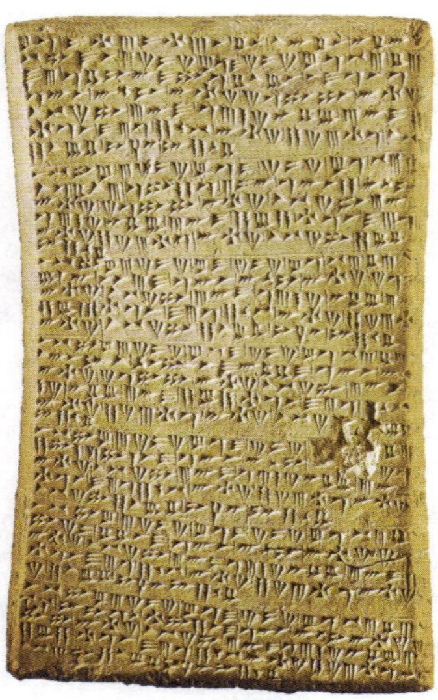
The Art Archive/Alfredo Dagli Orti/AFP

Tábua cuneiforme de Ugarit. Museu Nacional, Damasco, Síria. A escrita cuneiforme (em forma de cunha) é uma das primeiras da história.

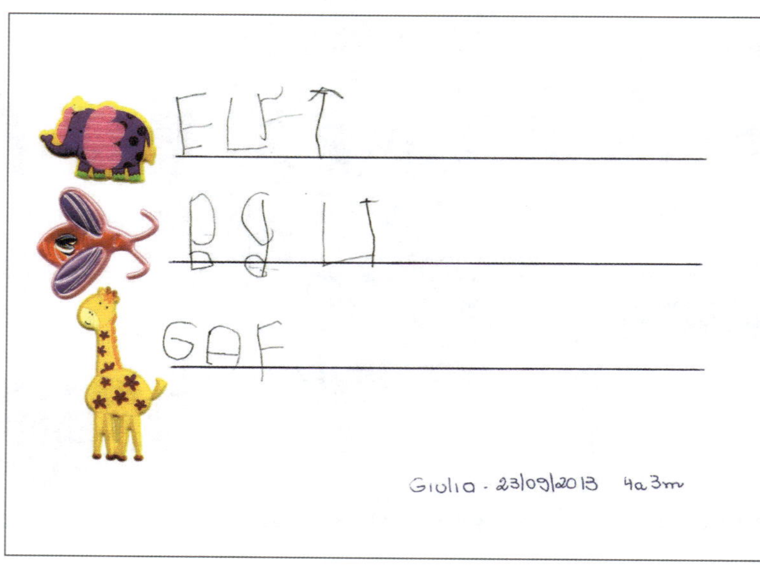

Giulia, 23/09/2013

O alfabeto latino é o mais utilizado no mundo. Sua origem está no alfabeto grego, que, por sua vez, veio do alfabeto fenício.

1. O escriba era o profissional que dominava a técnica da escrita nas sociedades antigas. Cite dois profissionais que atualmente trabalham com a escrita.

____

2. As escritas chinesa e japonesa são repletas de ideogramas, que se modificaram com o tempo. Ligue o ideograma ao que ele representa.

www.linguajaponesa.com.br

árvore

montanha

rio

3. Leia o texto e observe a imagem.

Contadores de história da África

Em países da África ocidental existem mestres contadores de história conhecidos como griôs. Eles têm a missão de transmitir a cultura, a história e as tradições da comunidade. Os griôs sabem usar muito bem diferentes linguagens para se comunicar. Para contar suas histórias, eles fazem uso não só da fala como também do teatro, do canto e da dança.

Torrione Stefano/Hemis/Easypix Brasil

Griôs do Senegal, África, 2007.

a) Crie uma frase para explicar o que são os griôs.

____

____

b) Dê um exemplo de conhecimento de sua comunidade que é transmitido oralmente de geração para geração.

____

Capítulo 2

Os meios de comunicação

Atualmente é comum o uso de meios eletrônicos como celular, fax, *tablet* e computador para se comunicar e buscar informação. Por meio deles é possível enviar mensagens de voz, texto e imagem rapidamente, o que facilita a comunicação e aproxima as pessoas.

Mas no passado as pessoas se comunicavam por meio de cartas, de revistas, de jornais e de recados transmitidos oralmente por mensageiros. Depois fizeram uso do telégrafo e do telefone. Naquele tempo as mensagens levavam dias ou até meses para chegar ao seu destinatário.

Almeida Júnior

Saudade, de Almeida Júnior, c. 1899. Óleo sobre tela. Pinacoteca do Estado de São Paulo, São Paulo, Brasil. No passado, as pessoas aguardavam ansiosamente a chegada do correio, que trazia as notícias e as novidades de familiares ou de amigos distantes.

O rádio é popular

A primeira transmissão de rádio no Brasil ocorreu em 1922, no Rio de Janeiro. Em pouco tempo, o rádio se tornou popular e já estava na casa das pessoas. Por meio dele, era possível ouvir notícias, propagandas, jogos de futebol, radionovelas, músicas e discursos políticos.

Acervo Iconographia

Família reunida no Rio de Janeiro, em 1942, para ouvir rádio, meio de comunicação popular que tinha a função de informar e divertir. Ainda hoje o rádio continua presente no cotidiano das pessoas, convivendo com outras tecnologias.

Outros meios de comunicação

A televisão (TV) chegou ao Brasil na década de 1950, transmitindo programas feitos ao vivo em imagens em preto e branco. Já na década de 1970, começaram as transmissões em cores no país. Hoje, há uma variedade de canais e modernas tecnologias de transmissão da imagem.

A partir da década de 1990, o computador pessoal (PC) passou a fazer parte da vida das pessoas. Nessa época também surgiu a internet, uma nova forma de comunicação que interliga computadores em rede. A internet ampliou as possibilidades de comunicação usando imagem, texto e voz e aproximou pessoas de todos os lugares.

1. Escreva uma lista dos meios de comunicação citados no texto.

____

2. Indique o ano ou o período em que os fatos sobre os meios de comunicação ocorreram.

	→		→		→	
Primeira transmissão de rádio no Brasil.		A TV chega ao Brasil; as imagens eram em preto e branco.		A TV começa a transmitir imagens em cores.		O PC passa a fazer parte da vida das pessoas; surge a internet.

3. Entreviste um adulto com mais de 50 anos de idade. Destaque e siga o roteiro da página 11 do **Material Complementar**.

a) Leia para um colega as respostas de seu entrevistado. Ouça as respostas do entrevistado dele. DUPLA

b) Juntos, elaborem um texto com as informações das duas entrevistas.

Ampliando horizontes...

livro

Daniel no mundo do silêncio, de Walcyr Carrasco, Ática.

Daniel perde a audição aos 7 anos e precisa aprender a se comunicar com as mãos. A família apoia o menino e ele aprende Libras, a Língua Brasileira de Sinais.

Gente que faz!

A comunicação impressa

No Brasil, os primeiros jornais foram criados há mais de 200 anos. Eles se chamavam *Gazeta do Rio de Janeiro* e *Correio Braziliense*. Cerca de 100 anos depois, em meados do século XIX, os jornais passaram a publicar histórias em quadrinhos (HQs) em suas páginas.

As HQs são formas populares de comunicação, que também se tornaram um meio de propagação de ideias, de críticas e de acontecimentos históricos, sociais e culturais. Uma das HQs brasileiras mais importantes foi *O Tico-Tico*, que surgiu em 1905. Mais tarde, apareceram também as revistas de super-heróis, como *Superman* e *Flash Gordon*. Já os quadrinhos da Turma da Mônica foram criados nos anos 1960.

Livros, jornais e revistas são **meios de comunicação impressa** que servem para informar, divertir e pesquisar.

1 Leia a tirinha.

Canini

Canini. *Tibica – O defensor da ecologia*. São Paulo: Formato, 2010. p. 16.

a) Na tirinha há um contexto de crítica? Qual?

____

b) Explique o jogo de palavras usado na tirinha. ORAL

c) Em uma folha à parte, criem uma tirinha com uma personagem de HQ para retratar um assunto importante da sua sociedade. GRUPO

Atividades

1. Observe a imagem do cartaz.

Secretaria Municipal de Educação

a) O que é anunciado no cartaz? ORAL

b) Converse com os colegas: Por que é importante saber ler e escrever?

c) Cite outras formas de se adquirir conhecimentos sem a escrita.

____

2. Observe a linha do tempo. Leia as legendas e complete com as imagens dos **Adesivos**.

1852	1877	1922	1950	1981
O telégrafo, o principal sistema de comunicação a longa distância, chegou ao Brasil.	Instalado o primeiro telefone no Brasil. O telefone foi inventado por Alexander Graham Bell a partir do telégrafo.	Ocorreu a primeira transmissão por ondas de rádio no Brasil.	A TV chegou ao Brasil e logo se tornou um influente meio de comunicação.	Chegou ao Brasil o primeiro computador pessoal (PC).

- Indique a década em que cada meio de comunicação representado começou a existir no Brasil.

rede de ideias

Conectados em rede

Leia a reportagem e a pesquisa sobre o uso de recursos tecnológicos e internet por crianças.

[...]

Celular, *tablet*, computador, tocador de música digital. Essa tecnologia toda deixou de ser coisa de adulto e chegou às mãos das crianças. Se você ainda não tem, já deve ter se perguntado o que seus amigos tanto fazem na internet ou no celular.

[...]

Os joguinhos são os eleitos da criançada na hora de usar os aparatos tecnológicos. Mas eles não servem só para brincar. Escolas no Brasil e exterior já usam celulares, *tablets* e até *video games* como meio de passar informações aos alunos.

Natália Mazzoni. *O Estado de S. Paulo.* Estadinho. São Paulo, março de 2012. p. 4.

A tecnologia está presente no cotidiano de cidades brasileiras. Mesmo antes de saber ler, muitas crianças já dominam os jogos e a linguagem do computador.

Fotografias: Thinkstock/Getty Images

1 E você, usa a tecnologia em casa ou na escola? O que você mais gosta de fazer com os equipamentos? ORAL

2 De acordo com a pesquisa, 68 em cada 100 crianças usam a internet para acessar *sites* de pesquisa.

- Quantas crianças, em cada 100, acessam as redes sociais? Esse número é maior ou menor que o número de crianças que acessam para trabalho escolar?

CRIANÇAS ON-LINE

Meninos e meninas na faixa dos 2 aos 11 anos usam a internet com muita frequência.
Conheça as finalidades de uso da internet no Brasil e o tempo de conexão.

Thinkstock/Getty Images

FINALIDADE – BRASIL

68%	Acessar *sites* de pesquisa
66%	Bater papo
63%	Acessar redes sociais
56%	Mandar e ler mensagens
52%	Jogar *games on-line*
39%	Ouvir músicas
22%	Para trabalho de escola
20%	Pegar imagens
13%	Visitar ou alimentar seus próprios *sites* de fotos

TEMPO MÉDIO POR MÊS DE CONEXÃO

Brasil	15 h 25 min
Estados Unidos	11 h 38 min
Austrália	10 h 57 min
França	10 h 23 min
Reino Unido	10 h 19 min
Espanha	9 h 12 min
Itália	7 h 17 min
Alemanha	6 h 48 min
Suíça	6 h 28 min

Fonte: <http://veja.abril.com.br/180707/popup_especial.html>. Acesso em: fevereiro de 2015.

Biri Sarks

3 Com relação ao tempo mensal de conexão, crianças de qual país ficam mais tempo na internet? E de quem é o menor tempo de conexão?

____

4 Faça uma pesquisa para saber o que seus amigos mais gostam de fazer na internet e quanto tempo usam esse recurso a cada dia. Depois, em grupo, organize uma tabela no caderno com as informações. GRUPO

Do cacau ao chocolate

Ernesto Reghran/Pulsar Imagens

Carlos Secchin/Opção Brasil Imagens

Peter Ginter/Getty Images

1. Na floresta: o fruto do cacau é colhido e cortado ao meio. As sementes são retiradas e postas para fermentar durante dias. Depois ganham coloração amarronzada e são postas para secar nas barcaças.

2. Na fábrica: as sementes secas são descascadas, quebradas e levadas ao forno. Desse processo sai a massa de cacau, que é misturada ao açúcar e ao leite em pó fundido com todos os ingredientes que dão aroma ao chocolate. Esse processo é chamado conchagem a seco.

UNIDADE 6

O trabalho

Joac/imagebroker RM/Diomedia

3. Na fábrica: ocorre a conchagem líquida quando se acrescenta a manteiga de cacau, responsável pela textura e pelo sabor do chocolate.

Ken James/Bloomberg via Getty Images

4. Na fábrica: o chocolate é refinado no moinho e depois passa para o tanque de armazenamento, em temperatura de 45 a 50 graus. Segue então para a temperadeira, que tem a função de cristalizar a manteiga de cacau. Dali, o chocolate sai pronto para ser moldado.

5. Na fábrica: o chocolate ganha formas variadas e está pronto para ser embalado e vendido como produto final.

Thinkstock/Getty Images

Fabio Colombini

Converse com os colegas e responda às questões.

1. A transformação do cacau em chocolate seria possível sem o trabalho do ser humano? Por quê?

2. Em que ambientes ocorre a transformação do cacau em chocolate?

3. Que materiais são retirados da natureza para ser utilizados na fabricação do açúcar e da borracha, por exemplo?

Capítulo 1

O cotidiano do trabalho

Converse com os colegas: Quem faz e como são feitos os produtos que consumimos e utilizamos no dia a dia? ORAL

Brinquedos, roupas, alimentos, móveis, livros, casas, computadores e outros produtos e serviços resultam do trabalho de muitas pessoas.

O trabalho é uma atividade, criativa ou produtiva, que se caracteriza pelo **esforço para transformar recursos** em produtos e serviços para atender às necessidades humanas.

Nos dias de hoje, a maioria das pessoas que trabalha recebe uma quantia em dinheiro por isso. É por meio dessa remuneração que elas garantem o seu sustento e o da sua família.

Candido Portinari

Faiscadores de ouro, de Candido Portinari, 1938. Pintura a guache e aquarela. Palácio Gustavo Capanema, Rio de Janeiro, Brasil. A pintura do artista brasileiro representa o trabalho dos mineradores. Os minerais extraídos da natureza são a matéria-prima para a produção de materiais como, por exemplo, panela de alumínio e joias de ouro ou prata.

1. Leia a afirmação.

> Para a produção dos bens e serviços de que fazemos uso, é necessário o trabalho de muitas pessoas.

a) Na sua opinião, essa afirmação é correta? Justifique.

____

____

b) O trabalho dos faiscadores representados na pintura de Candido Portinari resulta em algum bem? Qual?

____

____

c) Dê exemplos de dois profissionais que prestam serviços e são importantes para você e sua família.

____

2. Muitas pessoas trabalham para que o feijão chegue à mesa. Complete o diagrama com o nome dos profissionais que fazem parte desse processo.

Carlos Bourdiel

O trabalho nas fábricas

As fábricas são responsáveis por transformar a matéria-prima em produtos para o consumo humano. O trabalho nas fábricas é feito pelo ser humano com a ajuda de máquinas.

Atualmente, as fábricas produzem uma grande variedade de produtos: desde remédios, brinquedos e roupas até computadores e robôs.

Philippe Huguen/AFP

Trabalho em montadora de veículos, 2013. Hoje em dia o trabalhador tem, cada vez mais, o auxílio de máquinas, que agilizam a produção de bens.

No passado era diferente. Há pouco mais de 100 anos, surgiram as primeiras fábricas no Brasil. Naquela época, o trabalho era mais pesado, os operários permaneciam nas fábricas de 10 a 14 horas por dia, descansavam pouco e recebiam baixos salários. Também era comum a presença do trabalho infantil no cotidiano das fábricas no Brasil e em outros lugares do mundo.

Acervo Iconographia

Crianças trabalhando em fábrica de bebidas, na cidade de São Paulo, em 1910.

1. Compare as duas imagens: O que você percebe de semelhante e de diferente? **ORAL**

2. Façam a leitura do infográfico. DUPLA

Editoria de Arte/Agência O Globo

Comlurb: Companhia municipal de limpeza urbana.

Elaborado com base em: <http://oglobo.globo.com/infograficos/transformacao-residuo/>. Acesso em: fevereiro de 2015.

a) Qual é a matéria-prima do processo ilustrado?

____

b) Deem um título para o processo representado na imagem.

c) Escrevam três exemplos de material reciclável que serve de matéria-prima para indústrias.

____

3. Observe a imagem.

Paulo O. de Almeida/Futura Press

Criança vendendo CDs piratas nas ruas de Natal, Rio Grande do Norte, 2010. A lei que proíbe o trabalho infantil existe desde o ano 2000 e diz: "É proibido qualquer trabalho a menores de dezesseis anos de idade, salvo na condição de aprendiz, a partir dos quatorze anos".

- A partir da imagem, o que pode ser concluído em relação à lei que proíbe o trabalho infantil? ORAL

Capítulo 2

Trabalho no engenho

Você sabe explicar de onde vem o açúcar que usamos diariamente?
O que ele tem de semelhante com o álcool que abastece os automóveis? ORAL

Há cerca de 300 anos, a cana-de-açúcar era a principal fonte de riqueza do Brasil. Cidades como Olinda, Recife (ambas em Pernambuco) e Salvador (na Bahia) enriqueceram por meio da transformação da cana em açúcar, feita em engenhos pelo trabalho escravo.

Trabalho escravo: trabalho forçado, realizado sem remuneração e, muitas vezes, em condições desumanas.

Um engenho de açúcar era formado pela casa-grande, pela senzala, pela casa de engenho e pelo canavial. Em alguns engenhos também havia, geralmente, uma capela e um cemitério.

Os escravos chegavam a trabalhar de 18 a 20 horas por dia. Nos engenhos havia também atividades realizadas por homens livres (indígenas e caboclos), como a limpeza do solo, o corte de lenha e o transporte da produção.

Frans Post

Gravura em cobre de Frans Post, 1674. Fundação Biblioteca Nacional, Rio de Janeiro, Brasil. Os portugueses eram os proprietários dos engenhos no território do Brasil. O açúcar feito nesses locais era uma mercadoria rara e muito valorizada na Europa, onde o produto final era vendido. Nos séculos XVI e XVII, o Brasil se tornou o maior produtor mundial de açúcar.

1. Identifique e marque na imagem as instalações comuns nos engenhos há cerca de 300 anos. ORAL

1. Casa-grande: morada do senhor de engenho e sua família.

2. Senzala: habitação dos escravos.

3. Casa de engenho: local de produção do açúcar.

2. Leia a estrofe de um poema de Ferreira Gullar e observe a imagem.

[...]
O branco açúcar que adoçará meu café
nesta manhã de Ipanema
não foi produzido por mim
nem surgiu dentro do açucareiro
por milagre.
[...]

Ferreira Gullar. O açúcar. Em: *Toda poesia* (1950-1999). Rio de Janeiro: José Olympio, 2009. p. 165.

Delfim Martins/Pulsar Imagens

Com o avanço tecnológico, o processo de produção do açúcar se modernizou. Atualmente, grandes usinas com máquinas ocupam o lugar do engenho, produzindo também álcool combustível a partir da cana-de-açúcar. Nessas usinas, o trabalho é assalariado. Pitangueiras, São Paulo, 2013.

a) Que produto é tema dessa estrofe? Qual é a matéria-prima utilizada para sua produção? ______________________

b) Complete o quadro.

	Engenhos há 300 anos	**Usinas atuais**
Matéria-prima		
Produto final		
Mão de obra		
Instalações		

Ampliando horizontes...

livro

Chico Papeleta e a reciclagem de papel, de Nereide Schilaro Santa Rosa, Moderna.

Chico Papeleta conta a história do papel e de suas aplicações nas artes visuais e em nosso cotidiano. Ele explica como contribuir para a reciclagem do papel e preservar a natureza.

Gente que faz!

Cacau: matéria-prima do chocolate

A partir da década de 1770, teve início no Brasil o plantio de lavouras alternativas à cana-de-açúcar, como café, cacau e algodão.

O cacau se desenvolveu primeiro na região da Amazônia e, mais tarde, chegou ao sul da Bahia, onde ainda é cultivado.

Lailson Santos

Plantação de cacau em dois "andares": no superior, as árvores mais altas; no inferior, o cacaueiro protegido e carregado de frutos. Tomé-açu, no Pará, 2008.

Como já vimos nas páginas 84 e 85, o cacau (fruto do cacaueiro) é a matéria-prima essencial na fabricação do chocolate.

Hoje o nosso país é um dos maiores produtores mundiais de cacau e também de chocolate.

Na região da Amazônia, a produção do cacau mantém o sustento de diversas famílias nativas sem agredir o meio ambiente.

Edson Sato

Indígenas Yanomami colhendo cacau na margem do rio Toototobi, Barcelos, Amazonas, 2010.

1 Leia os dados da tabela.

Maiores produtores de cacau no mundo		
Posição	**País**	**Produção (toneladas por ano)**
1º lugar	Costa do Marfim	1 486 mil
2º lugar	Gana	879 mil
3º lugar	Indonésia	440 mil
4º lugar	Nigéria	245 mil
5º lugar	Brasil	220 mil
6º lugar	Camarões	207 mil

Fonte: *ICCO Quarterly Bulletin of Cocoa Statistics*. Vol. XL. N. 4. Cocoa year 2013/2014. Publicado em novembro de 2014.

a) O que essa tabela apresenta?

____

b) Pinte na tabela a posição que o Brasil ocupa e sua produção.

c) A maioria dos países que aparece na tabela pertence a qual continente?

____

2 Pesquisem os quatro maiores países consumidores de chocolate do mundo atualmente. GRUPO

- Selecionem fontes de pesquisa em livros e na internet.
- Organizem os dados obtidos na tabela a seguir.
- Escolham um título para a tabela.
- Citem a fonte dos dados pesquisados na tabela.

Thinkstock/Getty Images

Título: ______________________		
Posição	**País**	**Consumo**
1º lugar		
2º lugar		
3º lugar		
4º lugar		

Fonte(s) dos dados: ______________________________

Atividades

1. Na sua opinião, as pessoas trabalham apenas para ganhar dinheiro e comprar produtos? Justifique.

____

____

____

2. Indique a que período cada frase corresponde.

A há cem anos **B** nos dias de hoje

☐ Os operários trabalham de 10 a 14 horas por dia sem direitos como férias e salário mínimo.

☐ Na carteira de trabalho ficam registrados todos os dados da vida profissional do trabalhador.

☐ Em muitas indústrias os operários contam com a ajuda da tecnologia para realizar seu trabalho com mais segurança.

☐ A mão de obra das fábricas é composta de adultos e crianças.

3. Observe a imagem e responda às questões.

Frans Post

Engenho de açúcar no Brasil, de Frans Post, cerca de 1661. Óleo sobre madeira. Instituto Ricardo Brennand, Brasil.

a) Qual é o lugar representado na pintura?

____

b) Que processo de transformação acontece nesse lugar?

____

c) A cana-de-açúcar tem que papel nesse processo?

____

d) Quem aparece trabalhando na imagem?

____

e) Assinale as frases corretas.

☐ O trabalho escravo era utilizado nos engenhos de antigamente.

☐ Atualmente operários das usinas não têm direitos garantidos, como férias e décimo-terceiro salário.

☐ Casa-grande, senzala e casa de engenho eram instalações de um engenho de antigamente.

4. Observe a imagem.

Cesar Diniz/Pulsar Imagens

Pessoas trabalhando de forma voluntária em São Luís do Paraitinga, São Paulo, 2013.

a) Que tipo de trabalho é retratado na imagem?

____

b) Cite outros tipos de trabalho como esse.

____

rede de ideias

O trabalho artesanal

[...]

Eu me chamo Izabel e nasci na fazenda do Córrego Novo. A cidade mais perto é Santana do Araçuaí, bem no Vale do Rio Jequitinhonha. Meu pai mexe com a roça e minha mãe trabalhava com barro, fazendo pote, panela e prato pra vender.

Eu via a mãe mexendo, puxando assim, montando aquelas vasilhas. Aí, falava: "vou fazer uma bonequinha de barro pra brincar".

Eu tinha muita vontade de brincar com boneca. E a minha mãe brigava quando eu ia apanhar um bolinho de barro pra fazer um brinquedo.

[...]

Fabio Colombini

Izabel Mendes da Cunha, nascida em 8 de março de 1924. Em: José Santos. *Crianças do Brasil:* suas histórias, seus brinquedos, seus sonhos. São Paulo: Peirópolis, 2008. p. 19.

O Vale do Jequitinhonha, onde nasceu Izabel, é famoso por diversos tipos de artesanato.

Ricardo Azoury/Pulsar Imagens

Tecelã do Vale do Jequitinhonha usa o algodão plantado na região como matéria-prima de seu trabalho. Também usa técnicas e teares de origem indígena. Berilo, Minas Gerais, 2011.

Marco Antônio Sá/Pulsar Imagens

Artesão produz escultura com argila. Araçuaí, Minas Gerais, 2010.

1 Na sua opinião, a forma de trabalhar dos artesãos se modificou muito com o passar do tempo? **ORAL**

2 O que diferencia o produto do trabalho dos artesãos das peças que são industrializadas?

3 O artesão Zé do Balaio adotou formas para extrair a matéria-prima para suas peças sem agredir a natureza.

> [...]
>
> [...] "Não abro picadas na mata onde extraio os cipós, fibras e madeiras. Corto-os de forma que rebrotem e dou preferência aos trabalhos feitos com excedentes de folhas de palmeiras e taboas e troncos de bambus" [...]
>
> [...]

Picada: atalho aberto na mata a golpes de facão ou de foice para a passagem de pessoas ou pequenos veículos.

Disponível em: <www.mixalmenara.com.br/201103151619/cultura-e-arte-no-vale-do-jequitinhonha/artesanato/cestaria-e-trancados-tecnicas-herdadas-dos-indios.html>. Acesso em: fevereiro de 2015.

a) Que trabalhos são citados nos depoimentos?

b) Contorne no texto as matérias-primas usadas por Zé do Balaio e pela mãe de Izabel. De onde são extraídas?

c) Converse com os colegas: podemos dizer que Zé do Balaio tem uma atitude respeitosa com a natureza? Explique. **ORAL**

d) Qual a contribuição de Zé do Balaio para os futuros artesãos do Vale do Jequitinhonha? **ORAL**

QUAL É A PEGADA?

uso consciente

1. Leia os textos e faça as atividades.

Produção sustentável do cacau no sul da Bahia

A comunidade de cacaueiros localizada no sul da Bahia adota um sistema de produção agroflorestal que integra árvores nativas com a agricultura. Dessa forma, os trabalhadores aproveitam a presença de árvores altas, nativas da Mata Atlântica, e plantam cacau embaixo, já que o cacaueiro precisa de sombra para se desenvolver.

[...]

"Do cacau, fabrico 17 produtos diferentes: chocolate em pó, mel de cacau, geleia, doces, pão de cacau...", conta. "O chocolate em pó é vendido diretamente para a Prefeitura de Urucurituba. Eu vendo em gramas: faço pacotes de 120 gramas, cada, e vendo por R$ 2,00. Antes eu vendia o quilo a R$ 2,40."

[...]

Depoimento de um trabalhador de comunidade ribeirinha do Amazonas.
Disponível em: <http://www.terradagente.com.br/NOT,0,0,306695,Cacau+e+nosso.aspx>.
Acesso em: setembro de 2013.

a) Qual é o tema dos textos? De que comunidades eles tratam?

____

____

b) O que significa produção sustentável?

____

____

c) Cite alguns produtos feitos a partir da matéria-prima cacau. ORAL

Há produtos do nosso dia a dia que são elaborados com base em práticas sustentáveis, ou seja, que não prejudicam o meio ambiente.

Carlos Bordiel

2. Por que é importante investir na produção sustentável?

____

____

____

3. Em uma folha à parte, escrevam um "Guia do Consumo Consciente" com uma lista de atitudes sustentáveis para ajudar a preservar os recursos naturais. GRUPO

- Para colocar em prática as dicas do guia, é preciso mudar hábitos? Para quem é mais fácil mudar: crianças, jovens ou adultos? ORAL

4. Destaque o roteiro de pesquisa da página 9 do **Material Complementar**. Siga as orientações.

Preparativos para assembleia **Yanomami**. Amazonas, 2010.

Edson Sato/Pulsar Imagens

UNIDADE 7

Cotidiano indígena

Palê Zuppani/Pulsar Imagens

Kalapalo em atividade de pesca. Mato Grosso, 2009.

Renato Soares/Imagens do Brasil

Crianças **Yawalapiti** brincam nas comemorações do Kuarup, no Parque Indígena do Xingu, Mato Grosso, 2003.

Fabio Colombini

Crianças **Guarani Mbyá** aprendem a trançar fibra de taquara. São Paulo, 2011.

Converse com os colegas e responda às questões.

1. É correto afirmar que os indígenas são um único povo? Por quê?
2. Onde vivem os povos indígenas no Brasil?
3. Que costumes e atividades indígenas aparecem nas imagens?

Fabio Colombini

Capítulo 1

Os indígenas do Brasil

O que você sabe sobre povos indígenas do Brasil? Como vivem esses povos? Cite alguns nomes de povos indígenas brasileiros que você conheça ou de que faça parte. **ORAL**

Existem diferentes povos indígenas no Brasil. São cerca de 817 mil indivíduos e a maioria vive em Terras Indígenas. Apesar de estarem presentes em quase todos os estados do país, a maioria se concentra nas regiões Norte e Centro-Oeste.

Esses indígenas formam cerca de 220 povos ou etnias, que falam mais de 180 línguas diferentes, têm uma cultura rica e diversificada e procuram preservar suas tradições.

Terra Indígena (TI): área habitada permanentemente por indígenas e utilizada para atividades produtivas, sempre preservando os recursos ambientais de acordo com costumes e tradições da etnia.

MAPA DO BRASIL – Distribuição atual dos povos indígenas por estado

Sonia Vaz

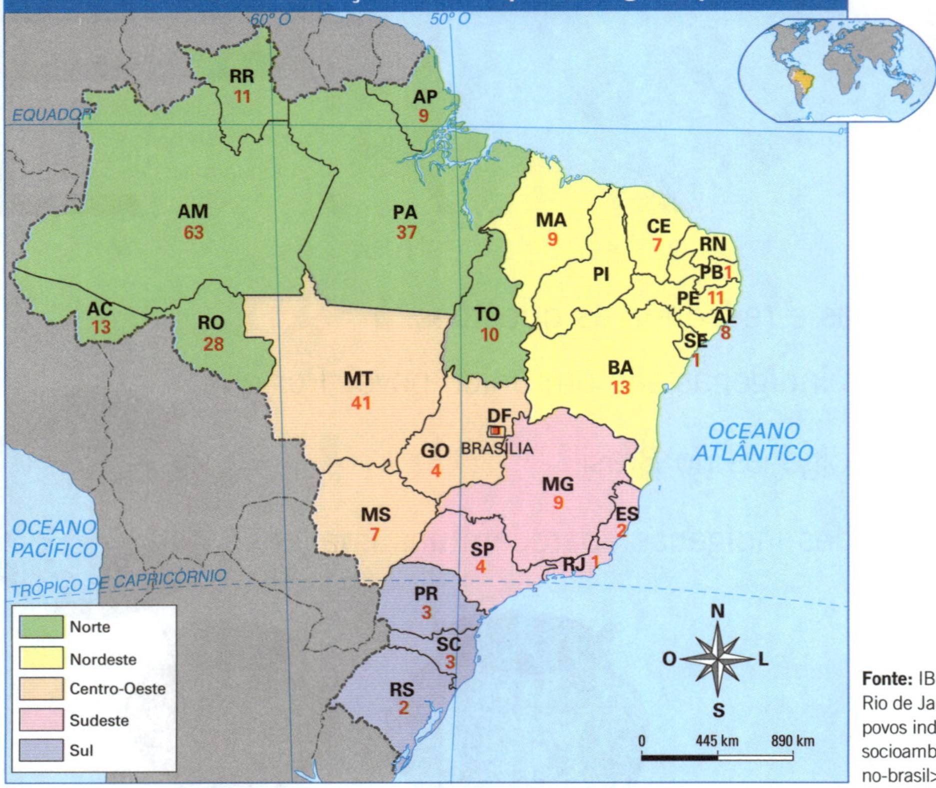

Fonte: IBGE. *Atlas geográfico escolar.* Rio de Janeiro: IBGE, 2009. Dados sobre os povos indígenas disponíveis em: <http://pib.socioambiental.org/pt/c/0/1/2/populacao-indigena-no-brasil>. Acesso em: fevereiro de 2015.

1. Assinale **V** para as frases verdadeiras e **F** para as falsas.

☐ Há povos indígenas em quase todos os estados brasileiros.

☐ A maioria dos povos indígenas vive nas cidades brasileiras.

☐ Todos os povos indígenas falam a mesma língua.

☐ Yanomami, Kalapalo, Yawalapiti e Guarani Mbyá são povos indígenas com diferentes culturas.

2. Observe a imagem e faça as atividades.

Edson Sato/Pulsar Imagens

Vista aérea de aldeia do Demini, território indígena Yanomami no Amazonas, 2012.

- O lugar onde você vive é parecido ou diferente do lugar mostrado na imagem? Explique. ORAL

3. Observe o mapa da página 102 e faça o que se pede.

a) Marque de 🟥 o Estado que reúne o maior número de povos indígenas.

b) Marque de 🟦 os Estados que reúnem o menor número de povos indígenas.

c) Troque as siglas dos Estados por seus nomes e coloque em **ordem crescente**, conforme o número de povos indígenas. Consulte o mapa se for preciso.

PE (11) PA (37) AM (63) RO (28) MT (41)

____

Você sabia?

A maior parte dos povos indígenas, cerca de 162, está reunida na Amazônia Legal — área que envolve os estados do Amazonas, Pará, Acre, Roraima, Amapá, Rondônia, Mato Grosso, Tocantins e parte do Maranhão.

O trabalho indígena

Os indígenas trabalham diariamente para garantir a sua sobrevivência. Entre as atividades que realizam, podemos destacar: pesca, caça, plantio, coleta de frutos na floresta, busca de lenha para o fogo, preparo dos alimentos, construção de moradias e confecção de utensílios, redes, arcos, flechas e cestos.

Fabio Colombini

Mulheres indígenas em colheita de maniçoba (folhas novas da mandioca) na tribo indígena Barasano — Aldeia Rouxinol, no Amazonas, 2010.

Trabalhar respeitando a natureza

Os povos indígenas retiram da natureza o necessário para a sua sobrevivência e usam os recursos naturais de forma sustentável. Um exemplo é o modo como lidam com a terra. Uma vez por ano derrubam uma pequena área de floresta para plantar. As árvores derrubadas são queimadas, pois eles acreditam que isso ajuda a fertilizar o solo. Em seguida, fazem pequenas roças, onde são plantados alimentos como feijão, milho e mandioca.

As roças são abandonadas depois de dois anos. Assim, o solo cultivado tem tempo para se recuperar e reiniciar o ciclo, quando novas árvores começam a crescer.

1. Explique por que os indígenas não plantam suas roças sempre no mesmo lugar.

____

____

Os direitos indígenas

Como em outras sociedades, os indígenas também enfrentam conflitos e problemas em seu cotidiano. Em muitas regiões do Brasil há disputas violentas pela posse da terra entre indígenas e garimpeiros, madeireiros e pecuaristas. Muitos povos indígenas lutam na Justiça para garantir o direito à terra, ainda que o direito a esse patrimônio seja reconhecido na Constituição do Brasil.

Os indígenas lutam também para serem reconhecidos como cidadãos, com os mesmos direitos garantidos aos demais brasileiros.

1. Leia o depoimento de Fernanda Kaingang, primeira indígena brasileira a receber o título de mestre em Direito por uma universidade pública.

Monique Renne/Esp. CB/D.A Press

Fonte do texto: <http://redesestudantesindigenas.unemat.br/htm/default.php?Strnav=15:55>. Acesso em: fevereiro de 2015.

a) Explique o significado da expressão: "Essa é a maior bandeira dos povos indígenas hoje". **ORAL**

b) De acordo com o depoimento, qual é o maior problema enfrentado pelos indígenas brasileiros na atualidade?

Capítulo 2

Cotidiano na aldeia

Em uma aldeia indígena, normalmente cada habitante sabe fazer de tudo. Não há especialização do trabalho nem divisão de profissões. A única divisão que existe é entre homens e mulheres. As tarefas de cada um variam de acordo com a comunidade à qual se pertence.

Geralmente os homens realizam atividades como caça, preparo das roças, construção de moradias e confecção de objetos de madeira (como arcos e flechas). As mulheres desempenham tarefas como fiar, tecer, colher alimentos, cozinhar, fazer artesanato (como cestos e vasos) e cuidar dos filhos menores.

Palê Zuppani/Pulsar Imagens

Mulher Kalapalo rala mandioca na aldeia Aiha, Parque Indígena do Xingu, Mato Grosso, 2009.

Fabio Colombini

Homem Sateré-Mawé caça na Floresta Amazônica, 2010.

1. Nas aldeias indígenas há divisão de trabalho entre homens e mulheres. Como acontece a divisão de trabalho na comunidade em que você vive?

____

____

2. Explique a frase: "Não há especialização do trabalho nem divisão de profissões". ORAL

3. Leia o texto com os colegas.

Fabio Colombini

Preparo da massa do beiju, alimento à base de mandioca, por indígena Barasana, em Manaus, 2008.

Cotidiano dos índios no rio

Cabe aos homens desmatar e fazer a queimada da área de floresta ou de capoeiras velhas para a constituição das roças. A partir de então, o trabalho torna-se feminino, desde a escolha das variedades de mandioca ou das outras espécies cultivadas até o preparo dos alimentos. No longo trabalho de produzir os diferentes derivados da mandioca (manicuera, tucupi, tapioca, baiji, mingau, farinha), as mulheres gastam praticamente todo o dia.

[...]

A atividade principal dos homens é contribuir com a outra parte da alimentação, o peixe ou a carne de caça. Em geral, os homens saem de canoa todos os dias ou durante a noite para pescar ou caçar. [...] As refeições comunitárias, no entanto, não se restringem às oportunidades de comida boa e farta. Quase todos os dias elas acontecem pela manhã. Cada mulher leva seu cesto de beiju, uma panela de mingau e outra com peixe ou quinhãpira. Todos comem juntos e conversam, aproveitando para tomar decisões de interesse coletivo.

Disponível em: <http://pib.socioambiental.org/pt/povo/etnias-do-rio-negro/1534>. Acesso em: fevereiro de 2015.

■ Indique quem realiza cada atividade, de acordo com o texto.

A Homens **B** Mulheres **C** Comunidade

☐ Desmatar e queimar a floresta.

☐ Escolher e plantar a mandioca.

☐ Sair para caçar ou pescar à noite.

☐ Tomar decisões, comer e conversar juntos pela manhã.

Carlos Bourdiel

Gente que faz!

Jogos e brincadeiras indígenas

As comunidades indígenas do Brasil possuem características próprias, como a língua, as festas, as pinturas corporais, os jogos e as brincadeiras.

Muito presentes no cotidiano, os jogos e as brincadeiras variam de acordo com a comunidade, mas quase todos acontecem em contato com a natureza.

Heiné Kuputisü

Neste jogo de resistência e equilíbrio, o corredor deve correr num pé só, não sendo permitido trocar. Um risco definindo o local da largada é traçado na terra e um outro, a uns 100 metros de distância, aponta a meta a ser atingida, mas cada um vai até onde consegue aguentar. Se ultrapassar a meta já é considerado um vencedor [...].

No final, vence quem foi mais longe com um pé só.

Marina Herrero, Ullysses Fernandes e João Veridiano Franco Neto. *Jogos e brincadeiras do povo Kalapalo*. São Paulo: Sesc, 2006. p. 26.

Haroldo Palo Jr.

Indígenas Kalapalo desafiam resistência e equilíbrio no jogo Heiné Kuputisü. Mato Grosso, 2012.

1. Na sua opinião, em que local os indígenas brincam de Heiné Kuputisü? ORAL
2. Explique no caderno as regras desse jogo.
3. Pesquisem jogos e brincadeiras da sua região. GRUPO

- Jogos da região: ______________________________

____

- Organizem uma votação para escolher um jogo ou brincadeira.

Opções	Votos

O escolhido foi: ______________________________

- Escrevam como ensinariam esse jogo para outras crianças.

____

____

____

____

____

- Divulguem na internet, no *site* da escola ou em cartazes para que outras crianças possam conhecer e se divertir com essa brincadeira.

Ampliando horizontes...

site

Socioambiental: <http://pibmirim.socioambiental.org/como-vivem/brincadeiras>. Acesso em: fevereiro de 2015.

Site sobre hábitos, costumes e modos de vida dos diferentes povos indígenas.

Atividades

1. Leia a afirmativa.

> Os indígenas respeitam a terra, não esgotam a natureza, pois dependem dela para viver.

a) Essa frase é verdadeira ou falsa? Justifique com exemplos.

____

____

____

____

b) Explique como os indígenas plantam suas roças sem esgotar a natureza.

____

____

____

____

2. Cole as imagens dos **Adesivos** de acordo com o tipo de atividade realizada pelos indígenas.

Confecção de ferramenta ou caça	Pesca	Preparo da comida

3. Leia duas afirmações verdadeiras.

A maioria dos indígenas brasileiros vive nas Terras Indígenas.

A maior parte das Terras Indígenas fica em áreas rurais do Brasil.

- Com base nessas afirmações, assinale a conclusão correta.
  - [ ] Nenhum indígena vive em áreas urbanas.
  - [ ] A maior parte da população indígena do Brasil vive em áreas rurais.
  - [ ] Todos os indígenas brasileiros vivem em áreas rurais.

4. Complete a cruzadinha com o vocabulário do texto sobre os tipos de atividades indígenas no cotidiano.

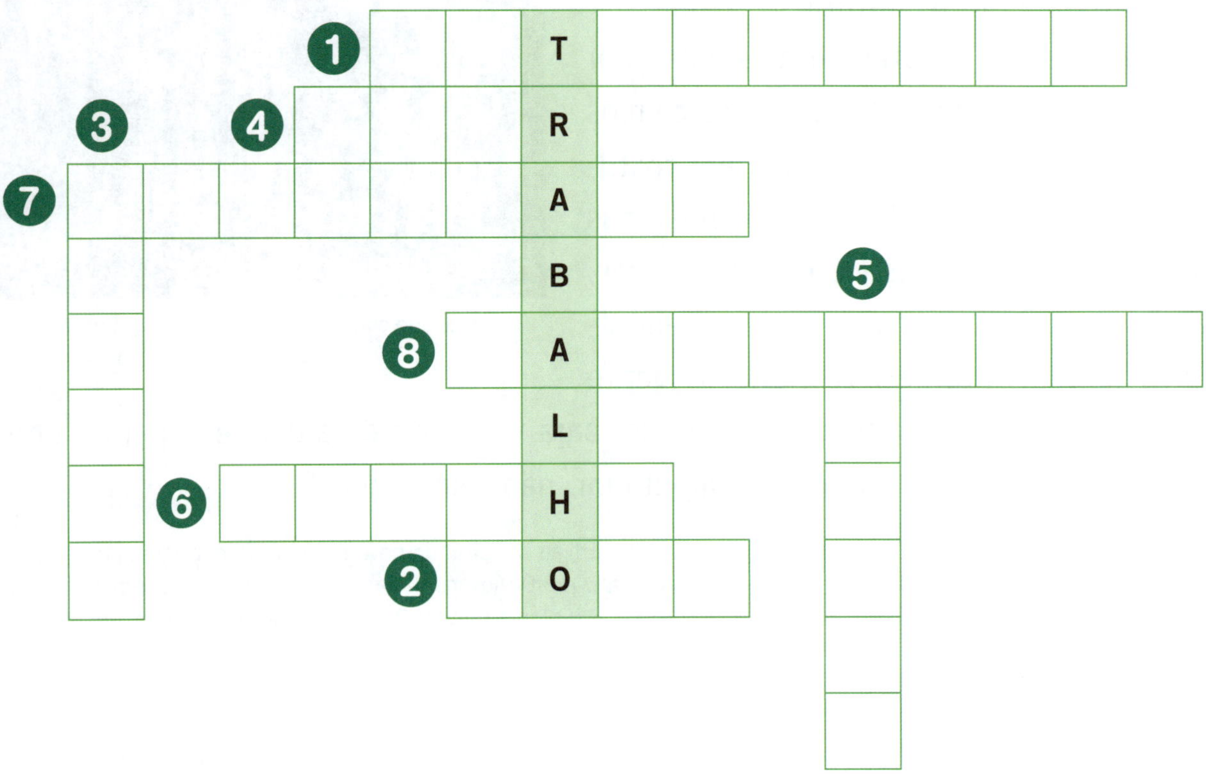

1. Atividade manual realizada somente pelas mulheres.
2. Atividade realizada geralmente pelos homens: preparo da para o plantio.
3. Cabe somente às mulheres a tarefa de dos filhos menores.
4. Atividade para tecer, fazer o fio, realizada somente pelas mulheres.
5. Local onde vivem juntos os indígenas.
6. Objeto de madeira confeccionado pelos homens e usado na caça.
7. Rotina, aquilo que se faz no dia a dia das comunidades indígenas.
8. Todos os que moram em uma comunidade indígena.

rede de ideias

Os indígenas urbanos

1 Leia a reportagem.

Jovens indígenas enfrentam cidade para conquistar diploma universitário

Mario Friedlander/Pulsar Imagens

Cacique com crianças indígenas em aldeia da etnia Paresi, Mato Grosso, 2012.

Quando nos apresentamos e dizemos que somos indígenas, todos perguntam se andamos nus, moramos em ocas, até os professores universitários.

Claro, ainda existem etnias que, por serem afastadas e não ter contatos com os brancos, ainda vivem em ocas, têm costumes mais restritos. Mas já tem indígenas que moram em cidades, não são mais ocas, já são casas tradicionais. Também tem aldeias já com internet, telefone. A gente teve que acompanhar as coisas, porque, para você sair da aldeia e ir para a universidade sem conhecer telefone, computador, não tem como. [...]

Depoimento de Rodolfo Edvan Moreira, do povo Kaimbé. Reportagem de Egi Santana. Disponível em: <http://g1.globo.com/bahia/noticia/2013/04/jovens-indigenas-enfrentam-cidade-para-conquistar-diploma-universitario.html>. Acesso em: fevereiro de 2015.

a) Qual é o tema da reportagem?

____

b) Sublinhe no texto os aspectos que marcam as mudanças ocorridas nas comunidades indígenas.

c) Quais informações dadas sobre os indígenas você desconhecia?

____

____

2 Leia o gráfico.

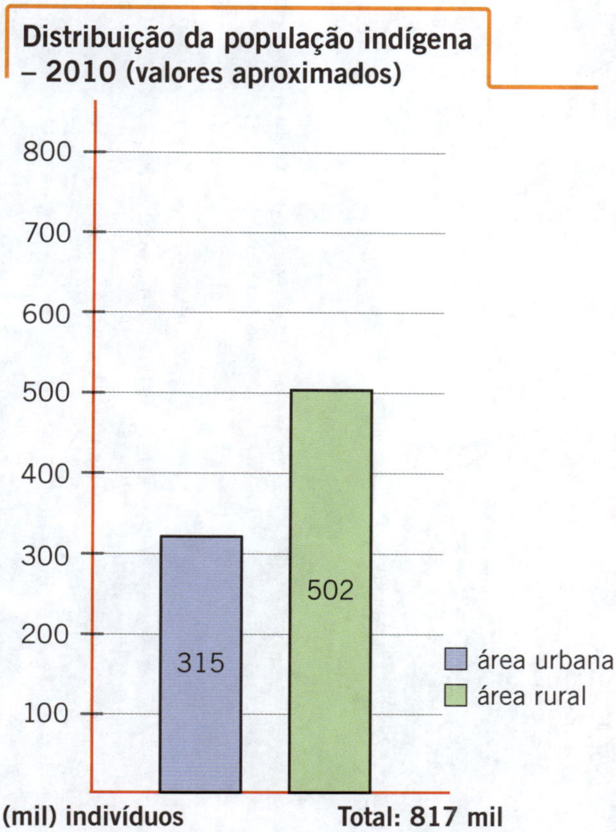

Fonte: Dados obtidos em: <ftp://ftp.ibge.gov.br/Censos/Censo_Demografico_2010/Resultados_do_Universo/tabelas_pdf/tab3.pdf> e <http://www.ibge.gov.br/home/estatistica/populacao/tendencia_demografica/indigenas/comentarios.pdf>. Acessos em: fevereiro de 2015.

a) Em que área vive o maior número de indígenas?

☐ rural ☐ urbana

Quantos são? ______________________

____

b) Em 1991, a população indígena era de cerca de 294 mil indivíduos. Comparando o número total de indígenas em 2010, o que se pode concluir? **ORAL**

3 Leia o depoimento de Aporã, do povo Kariri-Xocó, um indígena que vive na cidade de São Paulo.

> Todo ano eu vou lá na aldeia. Esse ano eu fui duas vezes. Em janeiro estamos indo de novo. Temos obrigação por lá, temos um ritual a cumprir [ritual do Ouricuri]. É uma obrigação nossa que faz parte de nosso segredo, da nossa cultura. [...] Nós aprendemos os valores de dentro da cidade, mas não esquecemos os valores de dentro da aldeia.
>
> Disponível em: <http://cpisp.org.br/indios/html/texto.aspx?ID=207>. Acesso em: fevereiro de 2015.

a) Sublinhe os trechos que indicam por que os indígenas que vivem nas cidades mantêm contato com a aldeia.

b) Na sua opinião, os indígenas que vivem nas cidades deixam de ser indígenas? **ORAL**

Claudio Mancuil/FRAME/AE

UNIDADE 8

Trabalho e diversão

David Becker/Getty Images for The Licensing Expo/AFP

Fábio Vieira/Fotoarena

Tiago Queiroz/AE

Alfredo Estrella/AFP

1. Cena do teatro musical *O Rei Leão*; 2. Artista plástico Stephen Fishwick; 3. Cantora Negra Li; 4. Desenhista e cartunista Mauricio de Sousa; 5. Artistas circenses em circo. Essas atividades envolvem diferentes profissionais que divertem e ensinam crianças e adultos.

Observe as fotografias e converse com os colegas.

1. O que essas imagens têm em comum?

2. Além das atividades mostradas nas imagens, que outras também ensinam e divertem as pessoas?

3. Leia a frase.

Há pessoas que trabalham para outras se divertirem.

- Você concorda com essa afirmação?

Capítulo 1

É hora da diversão

O que você gosta de fazer para se divertir? Já reparou que existem trabalhadores ligados ao lazer e à diversão? Converse com os colegas sobre alguns desses profissionais. **ORAL**

Artistas, músicos, escritores, desenhistas, contadores de história são alguns dos profissionais ligados ao lazer e à diversão. O trabalho deles se expressa por meio de diferentes manifestações culturais: o circo, o teatro, o cinema, a música, a televisão, as HQs, os livros infantis e muito mais.

No Brasil, a arte e a cultura são muito variadas, resultado da mistura dos diferentes povos que formaram nosso país: indígenas, europeus, africanos, orientais, que, ao longo do tempo, foram interagindo, criando e compartilhando conhecimento com as novas gerações.

Lucas Lacaz Ruiz/Futura Press

A música é uma forma de comunicação e de diversão. Grupo musical em calçadão de São José dos Campos para divulgar a semana do meio ambiente, 2013.

Anderson Barbosa/FotoArena

A arte também está presente nas ruas das grandes cidades brasileiras. *Performance* de estátua viva no centro de São Paulo, 2011.

Lilia Tandaya/Profotos

As festas tradicionais são um exemplo de manifestação cultural muito popular no Brasil. Quadrilha em festa de São João, na cidade de João Pessoa, Paraíba, 2006.

Fazendo teatro

Na sua opinião, como o teatro acontece? Como se faz para montar uma peça de teatro? **ORAL**

Antes de uma peça de teatro ser encenada, seu texto é escrito por um autor. Depois, "entram em cena" diretores, atores, cenógrafos, figurinistas, técnicos de som e de luz e outros profissionais, que se reúnem para discutir o texto, combinar cenários, provar figurinos etc. Nos ensaios, cada profissional treina e aprimora sua parte para que a peça seja, enfim, apresentada ao público.

1. Observe o cartaz e leia a legenda.

a) Que tipo de espetáculo está sendo anunciado? ______________________

b) Contorne com cores diferentes:

- O nome do espetáculo.
- Quando ocorrerá.
- De quem é a direção e o texto.

Escola de dança Nery Companhy

Esse teatro musical conta a história de quatro animais que estão fugindo de maus-tratos, se encontram e decidem formar um conjunto musical, espalhando respeito e amizade.

2. Se você fosse encenar um teatro musical, que tipo de atividade gostaria de fazer? **ORAL**

3. Pesquise o tipo de espetáculo mais anunciado na sua cidade: cinema, circo, teatro, musical.

____

____

Gente que faz!

Memória de artista: Tatiana Belinky

Tatiana Belinky viveu mais de 90 anos e se destacou como escritora infantil, criando histórias que encantam gerações de leitores. Quando Tatiana tinha dez anos (em 1929), sua família deixou o país onde vivia, a então União Soviética, fugindo da guerra, e se estabeleceu no Brasil, na cidade de São Paulo. Em pouco tempo, a menina já dominava a língua portuguesa e, como sempre gostou de ler, não teve dificuldade para começar a escrever e criar histórias que despertam a imaginação.

Gabo Morales/Folhapress

Tatiana Belinky (1919-2013) publicou mais de 250 títulos de literatura infantil.

Leia o depoimento de Tatiana Belinky sobre a arte de escrever livros para crianças.

Jefferson Galdino

[...] A fantasia é tudo. Sempre digo aos pequenos que o livro é um objeto mágico, muito maior por dentro do que por fora. Por fora, ele tem a dimensão real, mas dentro dele cabe um castelo, uma floresta, uma cidade inteira... Um livro a gente pode levar para qualquer lugar. E com ele se leva tudo.

Disponível em: <http://criancasdasestrelas.blogspot.com.br/2011/08/entrevista-brilhante-com-escritora.html>. Acesso em: fevereiro de 2015.

1. Tatiana faleceu em 2013 no Brasil. Quantos anos ela viveu no país?

____

2. Discuta com os colegas: Por que a escritora considera o livro um objeto mágico? ORAL

3 Leia um *limerique*, história contada por meio de um poema de cinco versos, escrito por Tatiana Belinky.

Ao ver uma velha coroca
fritando um filé de minhoca,
o Zé Minhocão
falou pro irmão:
"Não achas melhor ir pra toca?"

Em: *Limeriques*. São Paulo: FTD, 1987. p. 9.

a) O que você achou do poema? ORAL

b) De que tipo de leitura você gosta?

____

c) Faça uma lista com os nomes de alguns autores que você já leu.

____

____

4 Destaque as fichas das páginas 5 e 7 do **Material Complementar** e pesquise sobre:

a) vida e obra de Tatiana Belinky;

b) poemas no formato *limerique*.

Capítulo 2

Aprender e sonhar

Você conhece teatro de bonecos? Já reparou que existem diferentes maneiras de fazer esse teatro? **ORAL**

O teatro de bonecos também é uma forma muito antiga de cultura e de diversão.

Existem diferentes tipos de teatro de bonecos: os fantoches, os bonecos de vara, as marionetes e até o *bunraku*, que é uma tradição japonesa.

Henrique Sitchin

Espetáculo de bonecos inspirado no estilo *bunraku*, São Paulo, 2008. Nesse tipo de espetáculo, os artistas geralmente se vestem de preto e entram em cena junto com os bonecos.

Teatro mamulengo

O mamulengo é um teatro de fantoches tradicional na região Nordeste. As histórias contam os dramas da vida cotidiana do povo de maneira engraçada e descontraída.

Quem dá vida aos bonecos é o mestre mamulengueiro: ele inventa histórias divertidas, muitas vezes improvisadas, de acordo com a reação do público.

Geralmente os bonecos são feitos de madeira, cabaça, papel machê ou espuma de náilon.

Mauricio Simonetti/ Pulsar Imagens

Encenação do grupo Mamulengo da Bahia nas ruas de Salvador, 2006.

1. Você já assistiu a uma apresentação de teatro de bonecos? Conte aos colegas como foi e o que você achou do espetáculo.

2. Na cidade de Olinda, em Pernambuco, fica o Museu do Mamulengo. O que você imagina exposto nesse museu?

____

____

____

3. Leia o texto e observe a imagem.

Mestre Zé Lopes nasceu em Glória do Goitá, no estado de Pernambuco, mesma terra do Mestre Zé de Vina, com quem aprendeu o ofício de mamulengueiro. Ainda menino, Zé Lopes se encantou pelos bonecos e, aos 15 anos, já havia montado seu primeiro brinquedo. Hoje é um dos mamulengueiros mais atuantes, com participação em festivais de teatro de bonecos do Brasil.

Pedro Rampazzo/Folhapress

Mamulengos do Espaço Tiridá, museu de Olinda, Pernambuco.

a) Numere as frases de acordo com a ordem dos acontecimentos.

- [ ] Zé Lopes menino se encanta com os bonecos.
- [ ] Participa de festivais de teatro de bonecos pelo Brasil.
- [ ] Zé Lopes aprende o seu ofício com o mestre Zé de Vina.
- [ ] Nascimento do Mestre Zé Lopes em Glória do Goitá (PE).

b) Como o ofício de mamulengueiro é transmitido?

____

O pintor *naïf*: um artista espontâneo

A pintura *naïf* se caracteriza, principalmente, pelo uso de cores vibrantes e alegres e pelo gosto de representar as cenas com detalhes. Esse estilo é espontâneo e feito de acordo com a percepção e o sentimento do autor, por isso se aproxima do desenho feito pelas crianças.

O Brasil, a França e a Itália possuem importantes artistas desse estilo de pintura, com trabalhos expostos em muitos museus no mundo.

O violeiro, de Ernane Cortat, 2005. Arte naïf. Coleção particular. Galeria Jacques Ardies, Brasil.

1. No primeiro parágrafo, sublinhe as palavras que descrevem ou caracterizam a pintura *naïf*.

- Compare essas palavras com a pintura. Na sua opinião, elas ajudam a descrever essa imagem? ORAL

2. O que o artista retratou na sua obra? ______________________

- Que detalhes do ambiente criado pelo artista chamaram mais sua atenção? ORAL

Ampliando horizontes...

filme

***Madagascar 3* — Os procurados**, direção de Eric Darnell, Tom McGrath e Conrad Vernon, Estados Unidos, 2012.

No terceiro filme da série, o grupo de animais se disfarça de bichos de um circo ambulante para conseguir retornar a Nova York.

Atividades

1. Cite exemplos de pessoas que trabalham para que outras se divirtam.

____

____

2. Explique a diferença entre assistir a uma peça de teatro e a um filme no cinema.

____

____

____

____

3. Mauricio de Sousa, desenhista de histórias em quadrinhos e criador de personagens, pesquisou pinturas famosas e apresentou sua versão delas.

a) Destaque a ficha da página 3 do **Material Complementar**. Comparando as duas imagens:

- Assinale o quadro mais antigo.
- Marque **azul** para as semelhanças e **vermelho** para as diferenças.

b) Mauricio de Sousa é um profissional que trabalha criando obras que ensinam e divertem. Você concorda com essa afirmação? Explique.

____

____

____

____

4. Pinte as expressões que se relacionam ao trabalho do mestre mamulengueiro.

teatro de bonecos	circo sem animais	inventor de histórias

rede de ideias

Festas populares brasileiras

1 Leia o poema de cordel que trata de festa popular.

Cordel das Festas Populares

[...]

Juninas festas julinas:
Sobressai o São-João...
Quadrilhas, arrasta-pé:
Fogos, fogueira, balão...
Pamonha e milho assado:
Festa boa é no Sertão...

[...]

Nas festas de hoje em dia:
Tudo está muito mudado...
Tem *show* e tecnologia:
Se perdeu o rebolado...
Saudade do forrobodó:
No terreiro e no roçado...

[...]

Luis Matuto

Gustavo Dourado. Disponível em: <www.gustavodourado.com.br/ cordel.htm>. Acesso em: fevereiro de 2015.

a) Qual é o tema do cordel? ______________________________

b) Pinte no texto o que acontece nesse tipo de festejo.

c) Para o autor do cordel, há diferenças entre as festas populares do passado e as de hoje em dia? Explique. ORAL

2 Leia o texto.

A festa junina é um tipo de festa popular trazida para o Brasil pelos portugueses e que faz parte da cultura brasileira.

Embora seja comemorada em todo o Brasil, foi no Nordeste que a festa ganhou grande expressão, pois ocorre como agradecimento pelas chuvas, que nessa época do ano atingem a região e ajudam a manter a agricultura.

Rubens Chaves/Pulsar Imagens

Quadrilha em festa junina de Campina Grande, Paraíba, 2007.

a) Circule as siglas dos Estados que fazem parte da região Nordeste do Brasil.

PI	SP	MA	RS	BA
PE	AM	SE	GO	CE
PB	PA	RN	AC	AL

b) Qual é a relação entre a festa junina e o clima da região Nordeste?

___

3 Destaque o roteiro da página 9 do **Material Complementar** e siga as orientações.

QUAL É A PEGADA?
papel e arte

1. Observe a imagem e leia o texto sobre a arte sustentável de Silvio Alvarez.

Silvio Alvarez

A árvore, de Silvio Alvarez, 2009. Colagem sobre MDF. Coleção particular, Brasil. Na produção de suas obras, o artista plástico reaproveita materiais, como revistas e folhetos, que seriam descartados.

Artista plástico paulistano dedica-se à colagem desde 1989. A principal matéria-prima do seu trabalho, ainda mais importante do que o papel, é a paciência. Silvio Alvarez recorta, uma a uma, imagens de revistas ou de folhetos publicitários para compor um mundo próprio, mágico.

[...]

Suas obras, em geral, tratam, com bom humor, da relação do homem com o meio ambiente, com o cotidiano das grandes cidades e com ele mesmo.

Disponível em: <www.terrachamando.com/index.php?option=com_content&view=article&id=159:arte-sustentavel-silvio-alvarez&catid=68:arte-sustentavel&Itemid=79>. Acesso em: setembro de 2013.

a) Complete o quadro.

Nome do artista	
Profissão	
Temas das obras	
Matéria-prima	
Tempo de trabalho	

b) Discuta com os colegas: Qual é a relação entre o trabalho do artista e a preservação do meio ambiente? Registre sua opinião.

2. Observe a imagem e descreva o que o artista está fazendo.

Silvio Alvarez

Silvio Alvarez em seu local de trabalho, em São Paulo, 2010.

a) Que materiais são utilizados nesse trabalho?

____

b) Esse tipo de material é fácil ou difícil de ser encontrado? Explique.

____

____

3. Façam uma pesquisa sobre artistas de sua região que reaproveitam materiais na produção de obras de arte sustentável. GRUPO

- Registre na tabela abaixo informações sobre um desses artistas.

Artista	
Técnica	
Biografia	

- Escolham o artista ou a técnica de que mais gostaram e façam um trabalho de arte com material reaproveitado.
- Exponham o resultado na escola e compartilhem com os amigos na internet.

Ligados.com História 3

Alexandre Alves
Letícia Fagundes de Oliveira
Regina Nogueira Borella

Material Complementar

Editora Saraiva

Unidade 8 – página 123 – Pinturas de artistas

☐

Mônica com Sombrinha, de Mauricio de Sousa, 1991. Acrílico sobre tela. Obra exposta em *História em Quadrões – pinturas de Mauricio de Sousa*.

☐

Mulher com Sombrinha, de Claude Monet, 1875. Óleo sobre tela. National Gallery of Art – Washington, D.C., Estados Unidos.

Semelhanças e diferenças

☐ figura humana com sombrinha

☐ a paisagem

☐ as personagens retratadas

☐ data em que foram produzidas

☐ nome do artista

Unidade 8 – página 119 – Vida e obra: Tatiana Belinky

- Faça uma pesquisa sobre a vida e a obra da escritora Tatiana Belinky.
- Reúna datas e fatos importantes da vida da escritora.

- Selecione alguns nomes de livros e a data em que foram publicados.

- Organize uma linha do tempo com a história da escritora.

Unidade 8 – página 119 – *Limerique*

Pesquise outros poemas no formato *limerique*. Escreva e ilustre um desses poemas. Depois, exponha em um painel coletivo.

Unidade 8 – página 125 – Roteiro: festa popular

Pesquisem e escrevam um pequeno texto sobre uma festa popular da região em que vocês vivem.

DUPLA

- Qual é o nome da festa?
- Há uma data ou período especial para a festa acontecer? Qual?
- Quais são as principais características dessa festa?

____

____

____

____

____

Unidade 6 – página 99 – Matéria-prima

Escolha uma matéria-prima nativa da região em que você vive e faça uma pesquisa para descobrir:

- os produtos que podem ser obtidos a partir dela;

____

- quais desses produtos são produzidos de forma sustentável;

____

- que tipo de problema ambiental e social a produção de algum material feito a partir dessa matéria-prima pode gerar.

____

____

____

Unidade 5 – página 79 – Meios de comunicação

- Que meios de comunicação você costumava usar quando era criança?

____

- Você deixou de usar algum deles? Qual?

____

- Há algum meio de comunicação que não existia quando você era criança e que você utiliza atualmente? Qual?

____

- Agora escreva aqui o texto da dupla.

____

____

____

Unidade 3 – página 53 – A cidade ideal

Ginasiano Escola de Dança

Essa imagem, que foi feita por um grupo a partir de imagens de Tarsila do Amaral autorizadas, serviu como cenário para o musical *Os Saltimbancos*. A artista brasileira Tarsila do Amaral pintou temas urbanos e rurais nos quais se destacam as figuras geométricas.

Minha cidade ideal

Unidade 2 – página 27 – Planta baixa atual de Olinda

Unidade 2 – página 35 – São Luís do Maranhão

Azulejo dos sobrados históricos – São Luís, Maranhão

- Qual era a função dos azulejos nessas moradias?

____

- Como eles eram utilizados nas fachadas?

____

____

- Por que é importante que os azulejos sejam preservados?

____

____

Unidade 1 – página 18 – Passeio pelo bairro da escola

- Nome do bairro.

____

- Nome de uma praça ou outro espaço de convivência.

____

- O bairro é tranquilo ou movimentado?

____

- Há mais construções antigas ou modernas?

____

- Existe alguma construção sendo demolida ou realizada? Qual?

____

- Há mais residências, prédios comerciais ou indústrias?

____

Unidade 1 – página 13 – Sobrado colonial

Como é conhecida		 Rubens Chaves/Pulsar Imagens
Onde fica		
Época de construção		
Função original		
Função atual		
Modelo tradicional de construção		

Ligados.com História

Adesivos

Unidade 7 – página 110 – atividade 2

Ilustrações: Carlos Bourdiel

Unidade 5 – página 81 – atividade 2

Museu do Computador

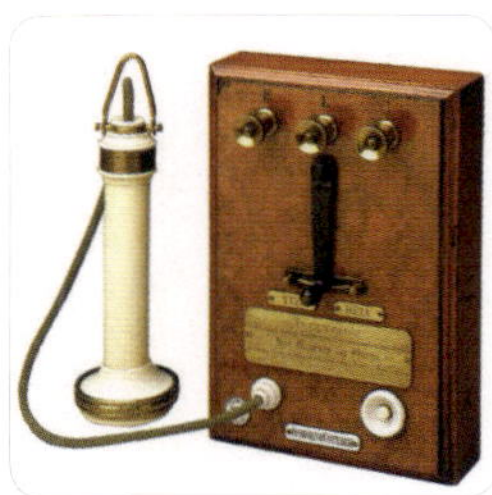

The Bridgeman Library/Grupo Keystone

Thinkstock/Getty Images

Thinkstock/Getty Images

DeAgostini/Diomedia

Unidade 5 – página 75 – atividade 2

Deficientes visuais

Deficientes auditivos

Unidade 3 – página 48 – Capitais do Brasil

Marc Ferrez/Acervo do Instituto Moreira Salles

Autoria não identificada/Ministério das Relações Exteriores, Rio de Janeiro, RJ

Rubens Chaves/Pulsar Imagens

Unidade 2 – páginas 34 e 35 – São Luís do Maranhão

Cesar Diniz/Pulsar Imagens

Tauari Formiga/Fotoarena

Unidade 1 – página 19 – atividade 1

Rua dos Judeus

Rua da Cruz

Rua do Bom Jesus

Rua do Bode

Unidade 1 – página 10 – atividade 1

Fabio Colombini

Alamy/Glow Images

Juvenal Pereira/Pulsar Imagens

Alamy/Glow Images

Ligados.com

História 3

Caderno de atividades

NOME: ____

____

TURMA: ____

ESCOLA: ____

____

____

Editora Saraiva

Sumário

Ilustrações: Alan Carlos Barbosa, Daniel de Paula Elias, Francis Yoshida de Mattos, José Ângelo Góes Mattei Júnior, José Segura Garcia Júnior, Luciano Costa de Oliveira, Marcelo de Almeida, Marcos Diego dos Santos, Mateus Galhardo Grizante, Mouses Sagiorato Prado, Paulo Sérgio Fritoli.

Atividades: Material originalmente publicado por Sistema de Ensino Ético.

Moradias

1. Como são as moradias de crianças de outras partes do mundo? Para saber, numere as fotografias de acordo com o quadro.

1. Casa de madeira	**2.** Moradias de barro e palha	**3.** Iglu
4. Moradias em favela	**5.** Tenda nômade	**6.** Habitação indígena

BIP

John Mullen

Valter Campanato/abr

BIP

Ansgar Walk

Ji-Elle

2. Leia o texto.

Você sabia que há pessoas que vivem em moradias com rodas, que são os *trailers*? É o que acontece com as pessoas que trabalham em circos. Elas passam a vida viajando de um lugar para outro para a apresentação dos espetáculos.

Também há pessoas que moram em barcos, como, por exemplo, a família Schürmann, que passou anos dentro de um barco, viajando pelo mundo inteiro.

Existem ainda famílias que não têm onde morar. Elas vivem nas ruas, embaixo de pontes ou viadutos. As crianças que vivem nessas condições não têm, na maioria das vezes, como cuidar de sua higiene pessoal nem como se alimentar adequadamente, o que dificulta muito o seu desenvolvimento.

- Indique a legenda correspondente a cada imagem.

Alison Wright/Corbis/Latin Stock

1

Schürmann

2

Caio Guatelli/Folha Imagem

3

_______ Família em *trailer*.

_______ Família em casa navegante.

_______ Família em uma estrutura oca sob uma ponte.

3. Encontre no diagrama alguns tipos de moradia e elementos que podem ser usados na construção deles.

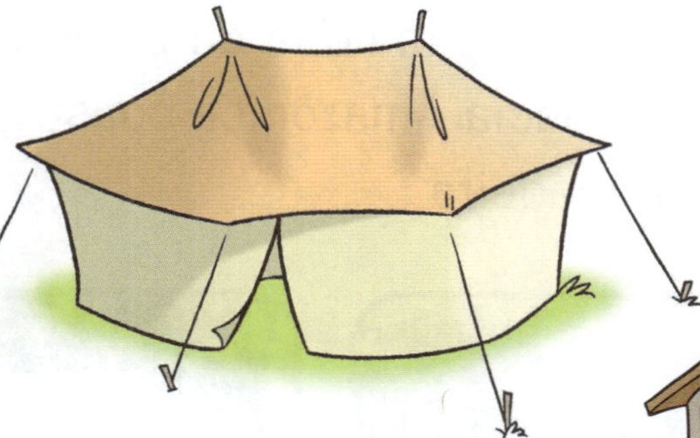

T	U	O	I	O	C	A	E	P	F	A	T
A	R	H	J	U	I	L	O	S	M	N	I
I	D	R	T	S	E	R	S	H	J	I	J
P	J	S	O	B	R	A	D	O	E	M	O
A	M	O	U	J	U	O	P	T	U	I	L
T	A	J	T	E	N	D	A	D	O	J	O
U	D	D	I	F	G	H	L	O	I	P	I
H	E	L	H	P	E	D	R	A	B	L	A
G	I	U	I	H	T	V	Z	Z	F	Z	S
K	R	N	J	C	C	T	O	Y	C	O	D
O	A	D	C	A	V	E	R	N	A	W	O

4. Leia o texto.

Para escapar das cheias, a maioria da população que vive às margens dos rios da Bacia Amazônica constrói dois tipos de moradia, ambos de madeira.

Roger Borges da Silva

Afonso Tadeu Nery

As moradias conhecidas como palafitas são construídas sobre troncos de árvores fincados no fundo do rio, a um nível tal que não sejam invadidas pelas águas das inundações. Já as moradias flutuantes são construídas sobre grandes troncos de árvores, formando uma espécie de balsa, e amarradas por cordas a árvores das margens.

a) Identifique cada tipo de moradia escrevendo no quadrinho de cada fotografia o número que indica seu nome.

1 Palafita.

2 Casa flutuante.

b) Complete a frase.

■ A população que vive às margens dos ______________________

da região amazônica adaptou suas ______________________

para os períodos de ______________________.

Lixo

5. Para saber o que era feito com o lixo no bairro em que moram, algumas crianças anotaram em que dias da semana o caminhão de coleta de lixo e o caminhão da coleta seletiva passavam pelo bairro.

BIP

■ Veja a tabela que elas montaram.

Segunda-feira	Terça-feira	Quarta-feira	Quinta-feira	Sexta-feira	Sábado	Domingo
L		L – S		L	S	

L = coleta de lixo **S** = coleta seletiva

a) Quantas vezes por semana o caminhão de coleta de lixo passa nesse bairro? Em que dias?

____

____

____

b) Em que dias da semana há coleta seletiva?

____

____

6. Você já observou o que vai para o lixo em sua moradia? Sabe para onde o lixo vai? Será que temos lugar para todo o lixo que produzimos?

a) Observe a imagem e cite quatro materiais que podem ser reaproveitados ou reciclados. Quais são eles?

____

____

b) Indique o tipo de lixeira em que cada material deve ser depositado. Siga a legenda.

P - Papel | **PL** - Plástico | **V** - Vidro | **M** - Metal

Grigory L/Shutterstock

Fernando Favoretto/Criar Imagem

Thinkstock/Getty Images

Thinkstock/Getty Images

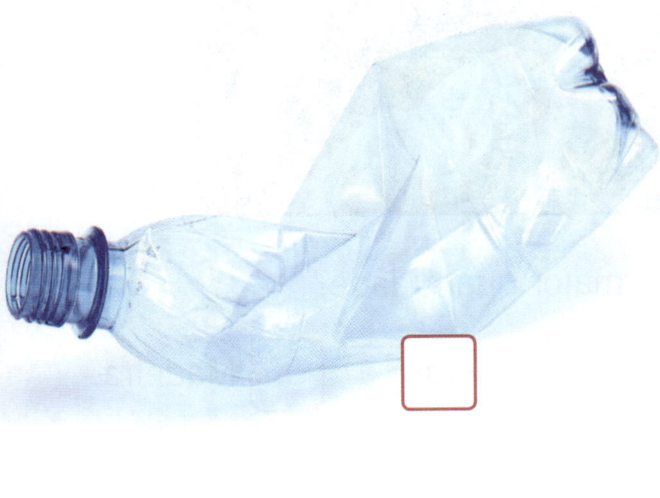

Lisovskaya Natalia/Shutterstock

7. O que é um lixão? Para descobrir, complete o texto com as palavras e expressões que aparecem no quadro.

líquido	**alimentos**	**adubo**	**água**	**doenças**
poluindo	**metade**	**lixo**	**a céu aberto**	

a) Os lixões são espaços onde o lixo que produzimos é jogado ______________________. Aproximadamente ______________________ desse lixo é composta de restos de ______________________, que é o lixo orgânico. O lixo orgânico pode ser transformado em ______________________.

b) O ______________________ jogado nos lixões atrai animais transmissores de ______________________. Ele vai formando um ______________________ que entra no solo, ______________________ os reservatórios de ______________________ que há embaixo da terra.

8. Observe a fotografia de um lixão.

Marcello Casal Jr./ABR

■ Que material pode ser visto em maior quantidade?

☐ Plástico. ☐ Vidro. ☐ Metal. ☐ Madeira.

9. Leia a informação sobre o tempo que cada objeto leva para se decompor, ou seja, para desaparecer do fundo das águas. Depois, faça o que é pedido.

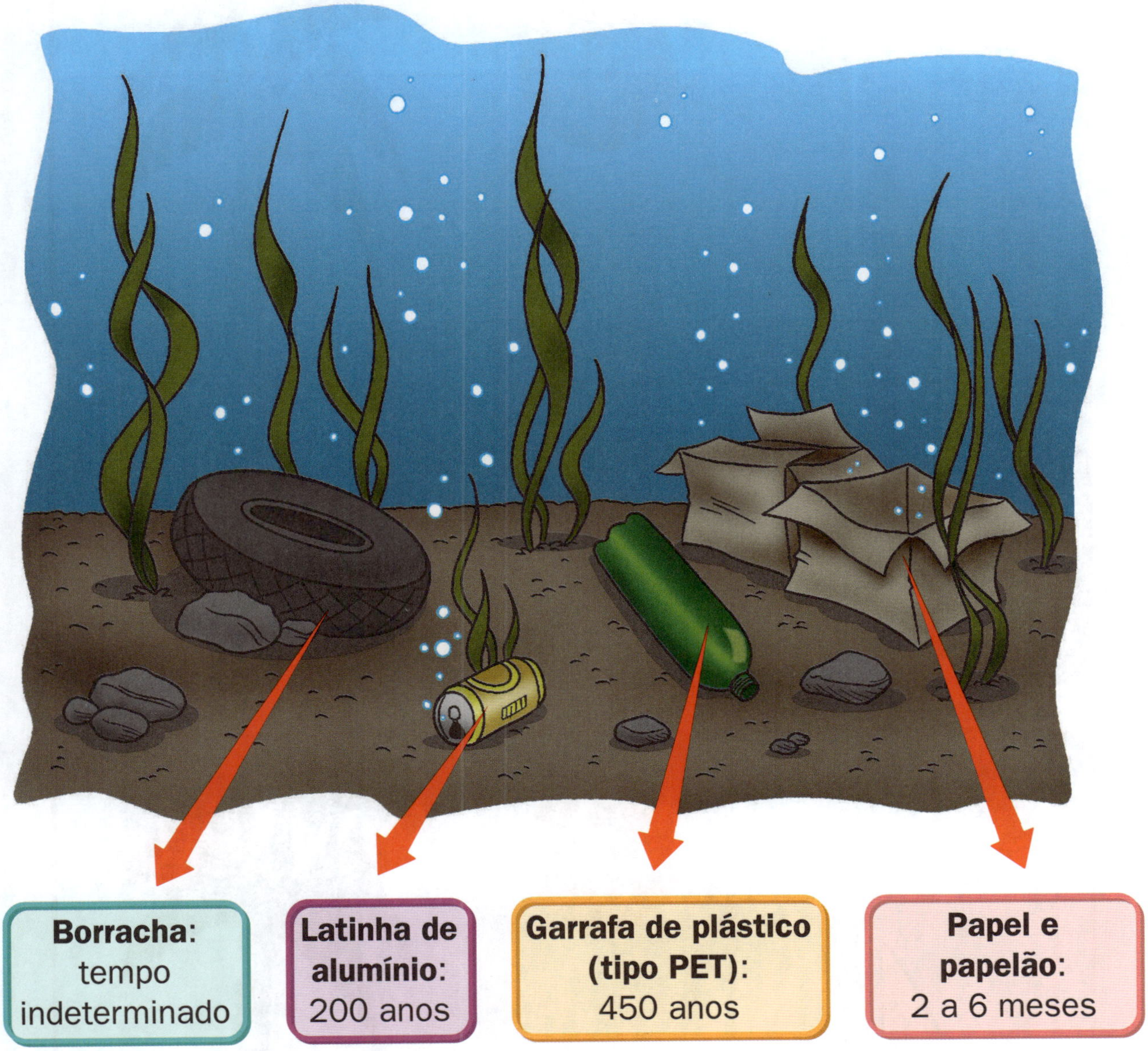

- Faça uma frase que informe que tipo de material no mar é perigoso para os peixes e outros animais que vivem nesse ambiente.

10. Descubra o que os desenhos têm de diferente. Assinale as diferenças com um **X**.

11. Leia o texto.

O peixinho

Tico e vovô Tonico se divertiam tentando adivinhar para que serviam aquelas coisas que as pessoas jogavam no rio.

No brinca-brinca, Tico começou a notar que o lixão era todo colorido.

Tinha latas [...] vermelhas, tênis amarelos, sacolas azuis e o rio... e o rio era cinza, com plantas e pedras escuras. Tico não entendia.

— Vô, por que o mundo dos homens é colorido e o nosso não?

— É, mas o nosso rio já foi diferente, Tico.

Vovô Tonico contou como era o rio antigamente. Tinha as águas limpas e as pedras coloridas. Falou sobre o dia e a noite, a beleza do Sol e a delicadeza da Lua. Contou histórias incríveis sobre a dança das nuvens e que os peixes até podiam ser vistos sob as águas transparentes.

Regina Siguemoto. *O peixinho e o sonho*. Belo Horizonte: Formato.

■ Faça as atividades a seguir.

a) Complete a frase.

As personagens da história são o ______________________ Tico e o ______________________ Tonico, que são ______________________.

b) Tico perguntou ao avô:

☐ por que o mundo dos homens era colorido.

☐ por que as pessoas jogavam lixo na água.

c) Por que o rio ficou diferente?

____

____

____

____

____

12. Encontre os nomes de cinco objetos que podem aparecer em um rio poluído. No diagrama, procure por:

pneu | embalagem | garrafa

brinquedo | lata

P	U	O	I	F	E	A	E	P	F	A	T
N	R	H	J	U	I	L	O	S	M	N	I
E	D	R	T	S	E	R	S	H	J	I	O
U	J	E	M	B	A	L	A	G	E	M	I
T	F	G	U	J	U	O	P	T	U	I	O
O	B	R	I	N	Q	U	E	D	O	J	I
I	O	T	R	F	G	H	L	O	I	P	I
G	T	B	I	L	A	T	A	N	B	L	A
J	U	G	J	H	T	V	Z	Z	F	Z	S
L	O	C	Y	C	C	T	O	Y	C	O	D
P	D	D	G	A	R	R	A	F	A	W	O
I	A	Z	R	D	X	A	P	O	A	D	I

As cidades

13. Complete o texto a seguir com as palavras do quadro.

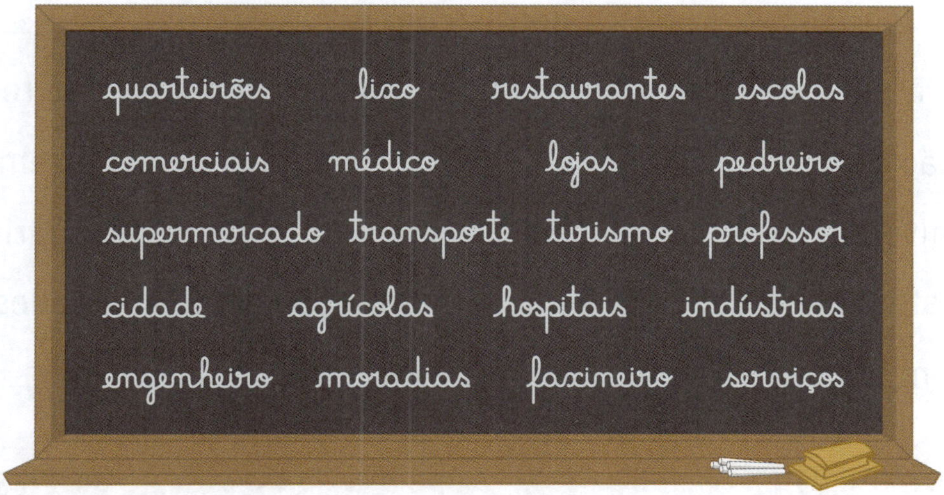

Muitas pessoas vivem na ______________. Ela é organizada em ruas, avenidas, ______________, praças etc. Há serviços de ______________, luz, água, esgoto e coleta de ______________. Além disso, há nela: ______________, escritórios, ______________ ou postos de saúde, espaços para o lazer, ______________.

Na cidade, encontramos várias atividades, como as de comércio e serviços. Nela há estabelecimentos ______________ (como ______________ de roupas, de calçados, padarias, ______________ e supermercados). Em cidades de maior porte, é comum encontrarmos lojas, restaurantes e ______________ reunidos em um único edifício — o *shopping center*.

Para que a cidade possa oferecer tantos serviços, são necessários muitos profissionais, dos quais citamos alguns: ______________, marceneiro, encanador, eletricista, ______________, enfermeiro, ______________, advogado, arquiteto, ______________, dentista, ______________, jardineiro, entre muitos outros.

Muitas atividades econômicas são desenvolvidas na cidade, que pode ser destaque em uma ou mais delas. Há cidades que se destacam com suas ______________________, outras com o ______________________, outras ainda pela atividade comercial, ou por serem centros de referência na prestação de ______________________ educacionais (exemplo: cidades universitárias), de transportes (exemplo: cidades portuárias) ou de saúde. Existem até cidades que ganham projeção pelas atividades que se desenvolvem em seu entorno, como as atividades ______________________.

Formação das vilas e cidades no Brasil

14. Leia o texto.

No ano de 1500, os portugueses chegaram ao Brasil. Foi somente com o início do processo de exploração do território brasileiro, em 1501, que começaram a ser formadas as primeiras vilas e cidades no litoral brasileiro.

Benedito Calixto de Jesus

No quadro *Fundação de São Vicente*, pintado por Benedito Calixto no ano de 1900, vemos uma representação da fundação da primeira vila brasileira, no ano de 1532.

a) Em que ano foi fundada a vila de São Vicente?

☐ 1500   1632 ☐

☐ 1895   1532 ☐

b) Com base no que você observa na imagem, assinale a resposta correta.

- [ ] Os indígenas usam tangas e estão calçados.
- [ ] Os portugueses usam trajes leves e estão com os pés descalçados.
- [ ] Os indígenas usam tangas, cocares de penas e estão descalços.

15. Alguns elementos que representavam a autoridade de Portugal em terras brasileiras oficializaram a fundação da vila de São Vicente? Assinale as respostas corretas:

[ ] Igreja	[ ] Fortaleza
[ ] Cadeia	[ ] Banco
[ ] Cartório	[ ] Mercado municipal
[ ] Pelourinho	[ ] Câmara de vereadores

16. Complete as frases.

a) Anos após a chegada dos portugueses, surgiram os primeiros ______________________ urbanos no Brasil.

b) As primeiras vilas e cidades brasileiras se formaram no ______________________.

c) No litoral das vilas e cidades também eram construídos ______________________ para vigiar ______________________ e proteger a ______________________.

17. Complete a tabela com o ano de fundação das primeiras vilas ou cidades brasileiras.

Nome	Ano da fundação	Estado atual
São Vicente		São Paulo
Porto Seguro	1535	Bahia
Ilhéus	1536	Bahia
Natal		Rio Grande do Norte
Santa Cruz		Bahia
Olinda	1535	Pernambuco
Salvador		Bahia
Vitória		Espírito Santo
São Paulo	1554	São Paulo

18. Observe a pintura e leia a legenda.

Kupferstichkabinett Der Akademie Der Bildenden Künste, Viena (Áustria)

A Vila de São Paulo foi fundada quando o Brasil ainda era uma colônia de Portugal. Esta ilustração foi feita pelo pintor Thomas Ender em 1817.

- Em que ano foi fundada a Vila de São Paulo? ____________________

19. No mapa, estão assinaladas as primeiras vilas ou cidades brasileiras. Observe com atenção e preencha as legendas corretamente.

Fonte: Claudio Vincentino. *Atlas histórico*: geral e Brasil. São Paulo: Scipione, 2011.

a) São Vicente, em São Paulo.

b)

c) Santa Cruz, na Bahia.

d)

e) Igaraçu, em Pernambuco.

f)

g)

h)

i)

20. Observe as imagens e encontre sete diferenças entre uma imagem e outra.

21. Leia o texto e ligue cada imagem à legenda correspondente.

As cidades do Brasil passaram por muitas mudanças ao longo do tempo. Houve uma época em que, nas ruas, as pessoas andavam a cavalo, a pé, em carros puxados por animais.

NAS RUAS DO BRASIL

Coleção Pedro Corrêa do Lago

Os barbeiros ambulantes realizavam seus serviços nos bancos das praças.

Viagem pitoresca através do Brasil

Em São Paulo, as ruas estreitas eram disputadas por charretes, bondes e pessoas.

Viagem pitoresca e histórica ao Brasil

No Rio de Janeiro, viam-se muitas pessoas, comércio ambulante e animais.

22. Leia o texto e complete as lacunas com as palavras do quadro.

vilas	Santos	características	lugar	litoral

Não há uma cidade igual a outra. Isso acontece por várias razões, como, por exemplo, o ______________________ onde ela se formou e as ______________________ da região. Outra razão pode ser a maneira como a cidade se formou. As cidades não surgiram todas da mesma forma.

As primeiras ______________________ e cidades brasileiras surgiram próximas ao ______________________. Foi o que aconteceu, por exemplo, com a cidade de ______________________.

Museu do Café, Santos

Fundação da Vila de Santos – 1545, de Benedito Calixto, 1922. Óleo sobre tela. Museu do Café, Santos, Brasil.

23. Leia o texto.

Pequenas cidades, grandes saudades...

Fui passear numa cidade pequena
Tão distante quanto grandes lembranças
Que tenho de pequenas cidades
Que deixaram grandes saudades...
Casas não distanciadas
Grudadas nas calçadas
Assim como as pessoas
Muito mais **aconchegadas**...
Pessoas simples e humildes
De vidas descomplicadas
No fim do dia um bate-papo
Com conversas animadas...
Na rua a meninada
Brinca tranquila, sossegada
[...]
Passa o leiteiro, o verdureiro
O rapaz com a namorada
Ali também tudo passa...
[...]

Mena Moreira. Disponível em: <http://uneversos.com.br/poesias/5435>. Acesso em: maio de 2015.

Aconchegadas: próximas, protegidas, abrigadas, aquecidas, bem acomodadas e confortáveis.

a) O que no poema caracteriza a "vida descomplicada"?

____

____

b) Em todas as cidades, é possível encontrar pessoas "aconchegadas"? Explique.

c) As figuras do leiteiro e do verdureiro marcam o cotidiano da cidade do poema. Eles fazem parte do cotidiano de toda cidade pequena? Por quê?

24. Compare, organizando na tabela, os elementos que caracterizam a cidade do poema e os elementos que caracterizam a sua cidade.

Elementos da cidade do poema	Elementos da sua cidade

Meios de transporte

25. Observe as fotografias.

- Responda às perguntas.

a) Qual é o meio de locomoção da fotografia **A**?

____

b) Qual é o meio de locomoção da fotografia **B**?

____

c) Nas fotografias, qual é o meio de transporte que não polui o ar?

____

d) Qual dessas formas de locomoção também é uma boa atividade física?

____

26. Leia o texto.

A cidade é mais bela de bicicleta

Com o *slogan* "A cidade é mais bela de bicicleta", um novo e revolucionário sistema de transporte foi lançado em Paris, capital da França, a partir de julho de 2007: o uso de bicicletas de aluguel.

Por esse sistema, chamado "Vélib", união das palavras *vélo* ("bicicleta", em francês) e *liberté* ("liberdade", em francês), usuários cadastrados podem pedalar de graça por até 30 minutos. Passado esse tempo, começa a ser cobrada uma tarifa que aumenta a cada meia hora excedente. Depois de liberar a bicicleta por meio de um cartão inteligente, o usuário pode devolvê-la em outra estação no final do percurso.

Não emitir poluentes, transitar mesmo em meio aos congestionamentos e ser fácil de estacionar são qualidades que fazem da bicicleta o melhor veículo para curtas distâncias.

Parece que não há nenhuma desvantagem, nem mesmo com relação ao deslocamento pelas ruas, nesse meio de transporte, que, por incrível que pareça, não é mais lento que o automóvel, já que, em Paris, a velocidade média dos motoristas é muito baixa.

Iniciativas parecidas estão sendo adotadas em outras cidades da Europa, aumentando, assim, o número de pessoas que usam regularmente a bicicleta.

Adaptado de <http://blog.transporteativo.org.br/2007/07/16/ville-a-velo/>.
Acesso em: maio de 2015.

■ Responda às questões.

a) Por que uma cidade fica mais bela de bicicleta?

____

____

b) Aponte três vantagens do uso de bicicletas, segundo o texto.

____

____

____

27. Complete as frases com as palavras do quadro.

fumaça	**cidade**	**ruas**	**poluição**	**passeio**	**ar**

Sem perceber, você já deve ter sentido a ______________________ do ar. É aquela fumaça escura que faz o céu ficar cinzento.

Andar nas ______________________ de uma ______________________ grande pode não ser um bom ______________________.

Muitas vezes caminhamos no meio de ______________________, mau cheiro, barulho e confusão. Falta-nos o ______________________ e ficamos sem fôlego.

28. Observe as figuras e pinte aquela que mostra respeito pelo nosso planeta.

29. Estas ilustrações representam a mesma cidade em duas épocas diferentes.

1920

Junião

2016

Junião

- Assinale qual(ais) meio(s) de transporte existia(m) em 1920 que não é (são) mais usado(s) com frequência atualmente.

☐ Bonde. ☐ Automóvel. ☐ Charrete.

30. Os textos numerados trazem informações sobre alguns meios de transporte no passado e na atualidade. As imagens da página seguinte fazem referência a esses textos. Relacione-os, numerando as imagens de acordo com os textos correspondentes.

1 As primeiras locomotivas apareceram no século XIX e eram movidas por motores a vapor.

2 No início do século XX, Henry Ford produziu o primeiro automóvel movido a gasolina: o Ford T.

3 Em 23 de outubro de 1906, em Paris, Santos Dumont decolou com seu 14-Bis e percorreu 60 metros em 7 segundos. Foi o primeiro avião a conseguir decolar por seus próprios meios.

4 Em 1885, foi criada pelo alemão Gottlieb Daimler a primeira motocicleta movida a gasolina.

5 Embarcações de madeira, movidas a remo e a vela, eram utilizadas pelos povos na Antiguidade.

6 Atualmente, há trens muito rápidos — como o trem-bala japonês e os trens de grande velocidade (TGV) europeus — para transporte de passageiros.

7 Hoje um mesmo automóvel pode ser movido por diferentes tipos de combustível.

8 Os aviões modernos são maiores, mais rápidos e seguros.

9 Na China e na Holanda, as bicicletas são o meio de transporte preferido da população.

10 Na atualidade, há enormes e modernos navios, com grande capacidade para o transporte de carga e de pessoas.

Divulgação

Embraer

Deutsches Museum
Munique/Alemanha

Jon Sullivan

BIP

Snowyowls

Reprodução

Cortesia
Deutsches
Zweirad-Und
Nsu-Museu

BIP

N. Veiga

31. Rios e mares são vias de transporte. Veja as fotografias e escreva abaixo de cada uma delas o que pode ser transportado.

fotos: BIP

a) Quais são os meios de transporte das fotografias?

b) Qual via eles podem usar?

32. Você sabia que os meios de transporte transitam por vias de naturezas diferentes? Pense sobre elas, completando as frases das personagens.

33. De acordo com o exercício anterior, podemos dizer que:

o navio é um meio de transporte

o avião é um meio de transporte

o trem é um meio de transporte

terrestre

aquático

aéreo

34. Como são chamadas as vias para os transportes terrestre, aquático e aéreo? Desembaralhe as letras que aparecem abaixo de cada frase e descubra.

As estradas por onde circulam carros, ônibus e caminhões são chamadas

____

VOODASIR

Já os trens trafegam por trilhos que compõem as

____

RFEASVIRO

Barcos, navios e canoas navegam por

____

OVIDRHIAS

Helicópteros e aviões voam por

____

ROVAEIAS

35. Coche é um tipo de carroça puxada por animais. Os coches, carroças e carruagens já foram os principais meios de transportes.

Museu Real de Arte e História de Bruxelas (Bélgica)

■ Que meios de transportes usamos hoje?

____

36. Observe as imagens e complete as frases.

Herbert Ortner

BIP

BIP

a) Transportes que se locomovem na terra são transportes

________________________________.

Fotos: BIP

b) Transportes que se locomovem na água são transportes

________________________________.

Fotos: BIP

c) Transportes que voam são transportes

________________________________.

37. Encontre no diagrama os nomes dos meios de transporte desenhados abaixo. Depois pinte as ilustrações.

C	A	M	I	N	H	Ã	O	R	X	J	H	Y	U	D	G
E	G	G	L	P	U	P	G	O	Y	G	L	T	A	F	B
B	I	H	C	T	Ô	N	I	B	U	S	F	V	F	X	I
F	A	O	M	Q	S	X	G	E	L	C	Q	M	L	H	C
J	N	R	Y	B	A	E	H	S	Z	D	E	P	O	O	I
Z	C	L	K	M	J	B	I	A	B	R	N	O	I	K	C
T	U	D	H	E	L	I	C	Ó	P	T	E	R	O	N	L
A	D	V	T	S	R	H	Q	G	L	C	N	O	D	J	E
E	B	C	U	A	Z	O	B	H	B	M	V	Q	I	R	T
F	D	X	C	Y	E	C	A	R	R	O	P	H	P	U	A
Z	B	U	V	T	S	M	I	T	A	K	Q	X	E	K	L
A	V	X	M	F	J	H	K	U	J	A	V	I	Ã	O	Q

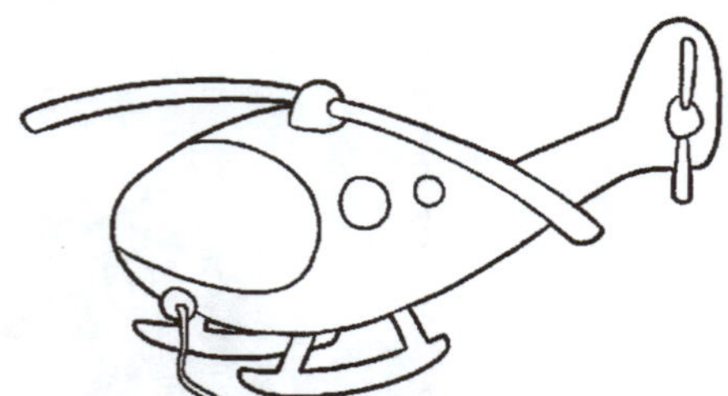

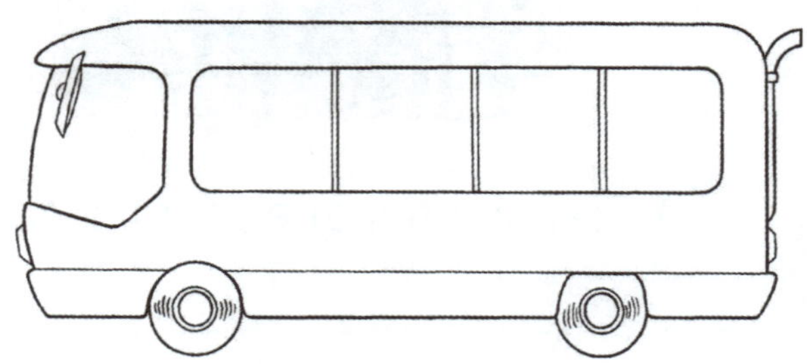

38. Uma linha de ônibus urbano tem os seguintes horários de saída do ponto inicial:

Horário de saída dos ônibus
5:00 – 5:20 – 5:50 – 6:20 – 6:50
7:30 – 8:10 – 8:50 – 9:55 – 11:00
12:00 – 13:10 – 14:15 – 14:45 – 15:30
16:30 – 17:20 – 17:50 – 18:25 – 18:55
19:50 – 20:55 – 22:00

■ Por que em alguns períodos saem mais ônibus do que em outros?

____

____

____

39. Leia o texto e complete a lacuna.

O Brasil é cortado por muitos rios. Em geral, nossos rios são utilizados para geração de energia elétrica, desenvolvimento de atividades como a pesca e o turismo e ______________ de mercadorias e pessoas. Além disso, muitos rios têm suas águas direcionadas para abastecer a população e irrigar as plantações.

Sergio Castello Branco

Embarcação no rio Amazonas.

Meios de comunicação

40. Observe as imagens.

BIP

Luiz Paulo Sapienza

■ Circule de vermelho o que poderia estar na imagem 1 e de azul o que poderia estar na imagem 2.

Fotos: BIP

41. Ajude o inventor do rádio, Guglielmo Marconi, a chegar ao prédio da Rádio Brasil.

Atenção: ele deve passar por todos os recursos tecnológicos.

42. Leia e complete o texto com as palavras do quadro.

épocas	televisão	hoje	invenção	transmissão	pouca

Durante as férias, geralmente brincamos, passeamos e aproveitamos para assistir à TV. Como a ______________________ é um aparelho presente em quase todos os lares, muitas vezes nos esquecemos de que sua ______________________ não é tão antiga assim e de que gerações anteriores à nossa viveram ______________________ em que a TV ainda não existia no Brasil, ou, ao contrário de ______________________, ______________________ gente a possuía.

Fotos: BIP

Algumas curiosidades sobre a invenção da TV: a pré-estreia da televisão no Brasil aconteceu no dia 3 de abril de 1950 e, no dia 18 de setembro, foi inaugurada a TV Tupi de São Paulo, por Francisco de Assis Chateaubriand Bandeira de Melo. A ______________________ foi acompanhada através de apenas 200 aparelhos.

43. A televisão foi resultado de muitas pesquisas. A primeira transmissão aconteceu na Alemanha, em 1935, e no Brasil em 1950. Diante dessas informações, quanto tempo se passou para que a TV criada na Europa chegasse ao Brasil?

____

44. A internet, rede mundial de computadores, popularizou-se com esse nome a partir de 1990. Há quantas décadas isso aconteceu? Foi há mais de um século?

____

45. Faça um **X** nos meios de comunicação pelos quais propagandas podem ser divulgadas por escrito.

Fotos: BIP

46. Sublinhe o meio que as crianças usaram para comprar a TV.

Pater

Cotidiano do trabalho

47. Escreva o nome do profissional responsável por:

Planejar e acompanhar a construção de casas e edifícios.

Realizar a construção de uma casa.

Pintar casas e construções.

Fazer e vender medicamentos.

Ensinar os alunos na escola.

Cuidar da saúde bucal das pessoas.

Investigar as doenças e receitar medicamentos.

Auxiliar no tratamento dos doentes hospitalizados e nas cirurgias.

48. Escreva o nome dos espaços ou os prestadores de serviços de que cada personagem necessita.

Os indígenas do Brasil

49. Leia o texto.

Antes de os portugueses chegarem ao Brasil, em 1500, os nativos brasileiros organizavam suas tarefas diárias de acordo com o dia e a noite e dividiam o ano observando as diferentes estações da natureza.

O Abaré já matou a charada, mas, mesmo assim, vamos explicar direito essa história!

Os nativos brasileiros não tinham um calendário para dividir os anos, os meses e as semanas, como fazemos hoje. Eles dividiam suas tarefas em diurnas e noturnas e sabiam quando estava na época de plantar, colher, caçar ou realizar algum ritual religioso, observando as características da natureza que os cercava.

Como já foi dito pelo Abaré, a observação atenta da duração dos dias, das fases da Lua, do comportamento dos animais e das plantas, da quantidade de chuvas, do clima etc. permitia aos nativos controlar suas tarefas e dividir seu tempo de um jeito diferente do que fazemos hoje.

■ As palavras do quadro se encaixam nas lacunas das frases. Leia atentamente cada uma delas e descubra onde devem se encaixar.

a) Os ____________ ____________ não tinham um ____________ para dividir os ____________, os ____________ e as semanas , como nós fazemos nos dias de ____________.

b) Os indígenas ____________ suas tarefas em ____________ e ____________ e suas tarefas de ____________, ____________ e ____________ observando a ____________ que os cercava.

c) Os nativos brasileiros prestavam muita atenção na duração dos ____________ e das fases da ____________. Observavam atentamente o comportamneto dos ____________ e das ____________ e também a quantidade de ____________ e o ____________. Isso levava os nativos a dividir o tempo de um jeito diferente do que fazemos hoje.

50. Os indígenas Pataxó vivem nos estados da Bahia e de Minas Gerais. Assim como muitos indígenas brasileiros, eles preservam suas tradições, sua cultura e suas histórias.

- Complete o texto que trata do cotidiano contado por uma mulher Pataxó.

cuidamos	colher	moradia	
semear	pescam	plantar	ajudam
arrumamos	cuidar	alimentamos	
caçam	artesanatos		

O cotidiano da mulher Pataxó

Vou contar um pouco do nosso dia a dia. Nós, mulheres, trabalhamos muito em nossa ____________________. Acordamos cedo para fazer o café, para o homem sair para o trabalho, logo ____________________ a moradia, lavamos vasilhas e roupas e, em seguida, fazemos o almoço.

Também ____________________ das crianças e, muitas vezes, ajudamos os homens na roça. Depois do almoço, fazemos ____________________, capinamos em volta da casa, varremos o terreiro, ____________________ as criações ou vamos à roça ____________________ alimentos para o jantar.

Cuidamos também das tarefas **maneiras** que o homem não tem tempo de fazer, como aprender a colher e a ____________ milho. A mulher também **fia** o **tucum**, que dá fibra forte para fazer colar e rede. A mulher não faz lança, isto é coisa de homem.

Maneiras: tranquilas, leves, fáceis.

Fia: trança os fios para fazer cordas, tecidos, cestos e trabalhos artesanais.

Tucum: espécie de palmeira, de onde são retiradas fibras para fazer trabalhos artesanais.

O cotidiano do homem Pataxó

O homem já trabalha mais pesado do que nós, mulheres. Logo cedo, tomam o café e, em seguida, vão para a roça ____________ e capinar. À noite, ____________, buscam lenha no mato, fazem cercas, ____________ os companheiros na plantação de roça, ____________, fazem casas e artesanatos de madeira e também têm obrigação de ____________ bem da família.

Angthichay e outros.
O povo Pataxó e suas histórias.
São Paulo: Global, 2002.

51. Leia o texto.

O Dia do Índio

[...]

O menino Enakini não via a hora de chegar em casa e contar para a mãe que as festividades do Dia do Índio iriam começar logo cedo na escola. A mãe de Enakini riu da forma como o filho falava. Mas ela entendia sua excitação: afinal, a aldeia cadiuéu inteira se preparava para as festas do dia seguinte. Além disso, Enakini iria dançar pela primeira vez a dança do bate-pau. "Amanhã é feriado aqui na aldeia também. Vai ter dança, música, jogo de futebol, corrida de cavalos e churrasco", disse ela, enquanto pintava um vaso grande de cerâmica. Enakini completou: "E eu vou poder dançar o bate-pau?". "Vai", respondeu prontamente a mãe, acrescentando que, como era a primeira vez que ele tomava parte da dança, seu pai ia oferecer um boi para fazer churrasco para a aldeia toda.

Valter Campanato/ABR

Nativo da etnia Bororo-boe.

Luís Donisete Benzi Grupioni. *Viagem ao mundo indígena*. São Paulo: Berlendis & Vertecchia, 2006.

a) O que seria comemorado na aldeia, no dia seguinte, que causava tanta animação ao pequeno Enakini?

____

____

b) Por que o pai de Enakini iria oferecer um boi para churrasco na festa do dia seguinte?

____

____